HESSEN

HESSEN

Landschaft · Städte · Kunst

Mit einer Einführung
von Hans Werner Hegemann

Dr. Hans Peters Verlag Hanau

© 1971 by Dr. Hans Peters Verlag, Hanau
Alle Rechte vorbehalten. Nachdruck, auch auszugsweise, verboten
Satz, Druck und Einband: Fränkische Gesellschaftsdruckerei, Würzburg
Klischees: Chemigraphische Gesellschaft, Aschaffenburg
Printed in Germany
ISBN 3 87627 021 9

»Es ist Hessen ein Berg- und Waldreich Land ...«, schrieb 1646 der schweizerisch-deutsche Kupferstecher und Buchhändler Matthäus Merian d. Ä. in seiner in Frankfurt am Main erschienenen *Topographia Hassiae*, in der die »vornehmsten Stätte und Plätze« nicht nur der hessischen Landgrafschaften, sondern auch der angrenzenden Gebiete beschrieben wurden, die später unter der Landesbezeichnung Hessen zusammengefaßt worden sind.

Diese Charakterisierung Hessens in der berühmtesten unter den älteren Beschreibungen des Landes gilt insofern auch heute, als 39,4% des Territoriums immer noch bewaldet sind. Dabei ist die Oberflächengestalt uneinheitlich. Einzelne Gebirgsstöcke wechseln mit Ebenen, Beckenlandschaften und Senken, die das Land nach allen Richtungen durchziehen und in den Randgebieten an vielen Stellen sich in die Nachbarländer fortsetzen.

So ist Hessen auf natürliche Weise für den Durchgangs- und Fernverkehr offen. Von alters her kreuzen sich hier in der Mitte Deutschlands wichtige Fernstraßen für den Personen-, Waren- und Postverkehr, Straßen, die bestimmend geworden sind für die Anlage und die Entwicklung von Städten und Industrien, für die Teilnahme der Bevölkerung am wirtschaftlichen, geistigen und künstlerischen Pulsschlag Mitteleuropas – Straßen aber auch, die das Land in allen Phasen deutscher Geschichte kriegerischen Ereignissen aussetzten.

Die Bedeutung Hessens als Land der wichtigen Straßenkreuzungen in Deutschland wurde in der Vergangenheit dadurch unterstrichen, daß in der alten Wahl-, Krönungs- und Messestadt Frankfurt am Main lange Zeit die Generalpostmeister des Reiches, die Fürsten von Thurn und Taxis, ihren Sitz hatten.

Als die verkehrsreichste Straße im Reich überhaupt galt die Strecke zwischen Mainz und Frankfurt. Dies bezeugt 1784 der Journalist Johann Kaspar Riesbeck, Herausgeber der Zürcher Zeitung. Er schrieb: »Schwerlich wird in Deutschland eine Straße stärker befahren als diese; wenigstens wird die Station des Postmeisters von Hattersheim, welches in der Mitte zwischen beiden Städten liegt, für die beste von den Reichspoststationen auf dem Lande gehalten.«

Dieser Weg ist denn auch seit Römerzeiten bis heute die verkehrsreichste West-Ost-Verbindung durch Hessen geblieben. Im Frankfurter Gebiet trifft er mit der großen Nord-Süd-Verkehrsachse durch Deutschland zusammen. Die Autobahnen des 20. Jahrhunderts haben mit veränderten und die Städte umgehenden Trassenführungen im Prinzip die Nachfolge jenes uralten Straßenkreuzes durch Hessen übernommen.

Im Zeitalter der Eisenbahn und des Flugzeuges erfüllt Hessen neben seiner alten Funktion eines Kreuzungsgebietes wichtigster Landstraßen auch die eines Bahnknotenpunktes von internationaler Bedeutung und einer der größten Drehscheiben des europäischen Luftverkehrs. Im Zentrum des hochindustrialisierten Rhein-Main-Gebietes, im Frankfurter Raum, treffen alle diese Verkehrsadern, die das Land durchziehen und überqueren, an drei Ballungspunkten zusammen: am Frankfurter Autobahnkreuz, im Frankfurter Hauptbahnhof und auf dem Rhein-Main-Flughafen.

In den fast zwei Jahrtausenden zwischen dem Bau der ersten Römerstraßen durch Südhessen und der Anlage der jüngsten Auto-, Bahn- und Flugverkehrsanlagen ist aus dem Widerstreit und dem Zusammenwachsen unterschiedlicher landschaftlicher und politischer Territorien zwischen Rhön und Westerwald, Reinhardswald und Odenwald das entstanden, was 1946 seine politische Konstituierung als Land Hessen erfahren hat. Allerdings konnten damals nicht die Hessen selbst ihre gegenwärtigen Landesgrenzen bestimmen, sondern das taten die alliierten Siegermächte. So kamen Rheinhessen mit Mainz und Worms sowie die Kreise St. Goarshausen, Unterlahn, Unter- und Oberwesterwald 1945 zur französischen Besatzungszone und wurden dem durch Verordnung der französischen Militärregierung 1946 neu gebildeten Staat Rheinland-Pfalz zugeteilt, während der Kreis Schmalkalden, weil er in der sowjetischen Besatzungszone lag, heute zur Deutschen Demokratischen Republik (Thüringen) gehört. Die in der amerikanischen Besatzungszone gelegenen Gebiete der alten hessischen Territorien zwischen Weser und Neckar wurden 1946 im Bundesland Hessen vereinigt.

Impressionen über hessische Landschaften, Städte und Kunstwerke müssen sich demnach auf das Gebiet innerhalb der 1946 festgelegten Grenzen beschränken.

Ein Blick auf die geschichtliche Entwicklung Hessens muß dagegen die Grenzziehung der Alliierten ignorieren.

Unter den heute aus Hessen ausgeklammerten Gebieten spielte vor allem Mainz eine unübersehbare Rolle im Lande. Dem hat schon Merian Rechnung getragen, als er Mainz, »die Haupt-Statt dess hochlöblichsten Ertzbisthumb und Churfürstenthumbs Meyntz«, in den Anhang seiner *Topographia Hassiae* aufnahm.

Lange bevor Marburg und Kassel im Norden und Darmstadt im Süden zu Brennpunkten der hessischen Geschichte wurden und Frankfurt am Main sich zur größten Stadt und Wirtschaftsmetropole im hessischen Raum entwickelte und als Wahl- und Krönungsstadt auch politisch bedeutend wurde, war Mainz schon über ein Jahrtausend lang einer der einflußreichsten Machtfaktoren im Bereich der heutigen Grenzen Hessens. Daß es überdies später, nach 1815, zum Großherzogtum Hessen-Darmstadt kam und bis 1945 somit auch politisch eine hessische Stadt war, spielt demgegenüber eine geringere Rolle.

Um Christi Geburt legten die Römer Mainz (Moguntiacum) als militärische Operationsbasis gegen die jenseits des Rheines ansässigen Chatten an. Dieser Germanenstamm, dessen Nachfahren die Hessen wurden, mußte sich hinter den Taunuskamm und aus der Wetterau zurückziehen. Die Befestigungsanlagen des Limes sollten das Reichsgebiet der Römer an dieser nördlichen Grenze gegen sie absichern. Damit rückte das Hessenland zum erstenmal ins Licht der Geschichte. Von Mainz aus, das die größte Garnison Germaniens und die Hauptstadt der Provinz Germania superior wurde, schützten die Römer ihre zum heutigen Südhessen gehörenden Besitzungen. Hierzu diente ihnen ein von Mainz ausgehendes Straßennetz, das später von den fränkischen Eroberern übernommen worden ist und bis ins hohe Mittelalter die Grundlage für das System von Heer- und Handelsstraßen zwischen Rhein und Spessart, Wetterau und Neckar bildete.

Unter den fränkischen Herrschern wurde im 8. Jahrhundert ebenfalls von Mainz aus die Einbeziehung der nordhessischen Landschaften in ihren Macht- und Verwaltungsbereich in Angriff genommen. Dies vollzog sich gleichzeitig mit der Christianisierung der Chatten in diesen Gebieten, die von Bonifatius, dem »Apostel der Deutschen« und ersten Mainzer Erzbischof, in die Wege geleitet wurde. Dieser Organisator der fränkischen Kirche erkannte wie einst die römischen Feldherren und Kaiser die Bedeutung der Lage von Mainz am westlichen Tor zu Hessen und machte die Stadt zur Ausgangsbasis seiner missionarischen Tätigkeit im Chattenland. Er gründete oder veranlaßte die Gründung der nordhessischen Klöster Amöneburg, Fritzlar, Fulda und Hersfeld, von wo aus das Land weiter erschlossen wurde. Seitdem ist Hessen bis zur Reformation vom Mainzer Erzstift aus kirchlich regiert worden. Eine Ausnahme machte das untere Lahntal, wo das Erzbistum Trier von Koblenz aus missioniert hatte. Mainz verstand es, seine geistliche Vormachtstellung in Hessen auch militärisch zu sichern, indem es in seinen bis nördlich von Kassel reichenden Besitzungen Burgen anlegte. Einige dieser mainzischen Gebiete waren ursprünglich Königs- oder Reichsgut, das die Herrscher dem Erzstift geschenkt hatten. Andere waren Lehen oder kamen durch Eroberungen, Erbfälle oder Kauf an Mainz. Viele dieser Exklaven gingen schon während des Mittelalters in kriegerischen Auseinandersetzungen der Erzbischöfe mit hessischen Territorialherren – vor allem mit den Landgrafen von Hessen – wieder verloren. Man kann sagen, daß die Geschichte Hessens Jahrhunderte hindurch vom Aufflammen solcher Kriege mit Mainz erfüllt war, bis schließlich im 15. Jahrhundert die Macht der Hessischen Landgrafen siegte.

Damit begann die neuzeitliche, von den hessischen Kernländern aus bestimmte Geschichte des Landes. Indessen ist Mainz auch weiterhin am politischen Geschehen in Hessen beteiligt geblieben. So hielt es seine Stellung im Rheingau bis 1806, als das Gebiet an Nassau kam. In Nordhessen blieb Amöneburg, die alte Trutzburg des Erzstiftes gegen die Landgrafen, bis 1802 mainzisch. Und auch mainaufwärts, am wichtigen Flußweg nach Aschaffenburg, das vom Ende des 10. Jahrhunderts bis 1815 zu Mainz gehörte, hielt das Erzbistum einige feste Plätze wie die Burgstädte Höchst und Steinheim und das Kloster Seligenstadt fest.

Seit die Karolinger ihre Königshöfe und Pfalzen als Verwaltungsmittelpunkte über das ganze Land verteilt hatten – von Hofgeismar, Kassel, Helmarshausen und Fritzlar im Norden über Fulda, Großseelheim, Limburg, Eltville, Wiesbaden, Frankfurt bis hin nach Trebur, Groß-Umstadt und Heppenheim im Süden –, war Hessen mehr und mehr in die Reichspolitik einbezogen worden. Die Pfalzen Fritzlar, Frankfurt und Trebur spielten mehrfach wichtige Rollen als Orte hochbedeutender und für die Geschichte des Mittelalters folgenreicher Kirchen- und Reichsversammlungen.

Die Entwicklung von innerhessischen territorialen Machtschwerpunkten ging von den Gaugrafen aus, die ursprünglich als königliche Verwalter eingesetzt waren. Der früheste Versuch zur Bildung eines solchen politischen Kraftfeldes in Hessen zeichnete sich im 9. Jahrhundert bei den ersten Grafen des Hessengaues, den Konradinern, ab. Ihr Versuch schien zu gelingen, als 911 der Frankenherzog Konrad zum deutschen König gewählt und Hessen zum Regierungsschwerpunkt wurde. Die zahlreichen fränkischen Reichsgüter mit ihren Königshöfen und Pfalzen boten dem König eine starke Machtgrundlage. Als jedoch nach dem frühen Tod Konrads I. der Sachsenherzog Heinrich 919 in Fritzlar zum neuen deutschen König gewählt wurde, verlagerte der Regierungsschwerpunkt sich nach Nordwestdeutschland. In der Folgezeit kamen im hessischen Raum immer mehr Lehensträger zu Besitz und Macht, wovon die Ruinen zahlreicher Burgen im Lande heute noch Zeugnisse sind.

Der Stauferkaiser Friedrich I. Barbarossa machte zwar nach der Mitte des 12. Jahrhunderts die verbliebenen Reichslande im Süden Hessens noch einmal zu einer der Grundlagen der kaiserlichen Regierung. Starke Pfalzen und Burgen sollten die strategisch wichtige Main-Kinzig-Linie (Frankfurt und Gelnhausen) und die nicht minder wichtige Wetterau (Friedberg, Münzenberg, Büdingen) schützen.

Aber seit dem Ende der Stauferherrschaft lösten sich die Reichslande in Hessen allmählich auf. Die nachfolgenden Könige und Kaiser verteilten sie unter den herrschenden Familien, um sich ihre Gefolgschaft zu sichern.

Die stärkste und auf die Dauer erfolgreichste Expansionspolitik eines hessischen Territoriums ging vom nordhessischen Raum mit Kassel und Marburg als Schwerpunkten aus.

Dort herrschten von 1027 bis 1121 die Grafen Werner, die nach den Konradinern im Hessengau und neben den althessischen Geschlechtern der Gisonen im Lahngau, der Nürings im Taunus und der Hagen im Dreieichgebiet und in der Wetterau zu den am frühesten selbständig gewordenen Landesherren in Hessen gehörten.

Als die Werner ausstarben, erbten die Landgrafen von Thüringen ihre Gebiete und vereinigten sie mit ihrem Stammland. Über hundert Jahre blieben beide Territorien vereinigt, bis 1227 Landgraf Ludwig auf einem Kreuzzug starb. Sein Bruder Heinrich Raspe vertrieb die junge Landgräfin Elisabeth von der Wartburg und zwang sie, nach Marburg an der Lahn zu gehen. Dort widmete sie sich im Hospital der Pflege der Aussätzigen und starb im Jahre 1231. Vier Jahre später erfolgte ihre Heiligsprechung. Im Jahre 1247 erlosch mit Heinrich Raspes Tod auf der Wartburg das Haus der Thüringischen Ludowinger. Aus der Erbteilung unter Seitenverwandte ging der Westteil des Landes mit Marburg und Kassel als Landgrafschaft Hessen hervor. Die Erbin war die Tochter der heiligen Elisabeth, Herzogin Sophie von Brabant. Obwohl ihr der Erzbischof von Mainz den Besitzanspruch auf die Landgrafschaft streitig machte, behauptete sie ihre Rechte und ließ ihren Sohn Heinrich, »das Kind von Hessen«, in Marburg zum ersten Landgrafen ausrufen.

In einem zweihundertjährigen Streit mit Mainz hielten die Landgrafen ihre Stellung und bauten sie aus. 1463 gab das Erzstift schließlich im Zeilsheimer Vertrag seine Ansprüche endgültig auf.

Zu dieser Zeit waren die über weite Teile Hessens verstreuten Besitzungen der Landgrafschaft durch zahlreiche Neuerwerbungen erweitert und zu einem einheitlicheren Territorium verbunden worden. So war durch Erbschaft 1450 die mächtige Grafschaft Ziegenhain hinzugekommen, und 1479 folgte die große rheinische Grafschaft Katzenelnbogen mit ihren auch südlich des Maines liegenden Gebieten im Darmstädter Raum und im Odenwald.

Ihre größte Ausdehnung hatte die Landgrafschaft unter der langen Regierung Philipps des Großmütigen (1509–1567), der die Vormachtstellung im hessischen Raum besaß. Sein Territorium erstreckte sich vom Reinhardswald im Norden Kassels bis an den Rhein und setzte sich südlich des Maines in den Odenwald fort. Damit war das Konzept eines Landes Groß-Hessen, allerdings noch ohne Frankfurt, Nassau, Hanau und Fulda, zum erstenmal erkennbar geworden.

Politisch bedeutsam für die weitere Entwicklung Hessens war auch die Einführung der Reformation unter Philipp dem Großmütigen. Nur die Besitzungen der Abteien Fulda und Hersfeld und des Erzbistums Mainz blieben damals katholisch.

Nach Philipps Tod im Jahre 1567 wurde die große Landgrafschaft unter seine vier Söhne aufgeteilt. Damit entstanden vier neue Landgrafschaften, und die Entwicklung zu einem Staat Groß-Hessen war zunächst unterbrochen. Da zwei Nachfolgelinien Philipps bald ausstarben, blieben schließlich die beiden bekannten Landgrafschaften Hessen-Kassel und Hessen-Darmstadt übrig. Sie sollten erst rund 380 Jahre später wieder im Bundesland Hessen vereinigt werden. Bis es dahin kam, machten beide sehr verschiedene und mehrmals in feindliche Lager führende Entwicklungen durch. So standen sie sich auf Grund ihrer konfessionellen Spaltung in Reformierte und Lutherische im Dreißigjährigen Krieg gegenüber. Hessen-Kassel kämpfte auf der schwedischen, Hessen-Darmstadt auf der kaiserlichen Seite. Noch 1646 lieferten die hessischen Soldaten der beiden Landgrafschaften sich um Alsfeld eine mörderische Schlacht, in der die Kasselaner mit den Schweden Sieger blieben. Wie grausam jener Krieg Hessen heimsuchte, hat uns ein Sohn des Landes, Grimmelshausen, in seinem Roman »Simplizius Simplizissimus« geschildert. Hessen-Kassel erhielt im 17. Jahrhundert Zuwachs aus der Grafschaft Schaumburg und vergrößerte sich 1736 um die Grafschaft Hanau und die Abtei Hersfeld. Die Landgrafen waren mächtige und angesehene Reichsfürsten geworden. Einer von ihnen, Friedrich I., gelangte sogar durch Heirat auf den schwedischen Königsthron (1720–1751). 1803 wurde die Landgrafschaft Kurfürstentum, das 1807 von Napoleon annektiert und dem kurzlebigen Königreich Westfalen einverleibt wurde, weil Kurfürst Wilhelm I. als Widersacher des französischen Kaisers dem Rheinbund nicht beitrat und dafür ins Exil gehen mußte. Erst nach dem Sturz Napoleons und der Vertreibung Jérômes aus Kassel konnte der Kurfürst von Hessen in seine Hauptstadt zurückkehren. Im Gegensatz zu ihm hatte sich der Landgraf von Hessen-Darmstadt gemeinsam mit den meisten deutschen Fürsten auf Napoleons Seite geschlagen, war dem Rheinbund beigetreten und hierfür Großherzog geworden.

Bis zu dieser Zeit war die politische Landschaft zwischen den beiden hessischen Kernländern so buntscheckig wie kaum anderswo im alten Reich gewesen. Die hessische Landesgeschichte ist sozusagen die Summe der Geschichten zahlreicher kleiner und kleinster Dynastien und ihrer oft vielverzweigten Nebenlinien. Hier können nur hinweisend einige unter vielen Namen alter Geschlechter genannt werden wie die der regierenden Häuser Erbach, Hanau, Isenburg, Nassau, Solms, Waldeck, Wied, Ysenburg. Die Geschichte eines jeden dieser Geschlechter spiegelt gleichsam im kleinen, was im großen und ganzen sich vollzog: die fortschreitende Aufteilung selbst der kleinsten Herrschaftsgebiete. Daher ist das Hessenland so reich an Schlössern und kleinstädtischen Residenzen, was ihm im Gegensatz zu einst heute als einem romantischen Reiseland zum Vorteil gereicht.

Kaiser Napoleon machte der politischen Zersplitterung ein Ende. Nach seinem elementaren Auftritt in der deutschen Geschichte blieben in Hessen lediglich sechs souveräne Territorien übrig: das wiederhergestellte Kurfürstentum Hessen-Kassel (Kurhessen), das Großherzogtum Hessen-Darmstadt, das um Rheinhessen und um mehrere vordem unabhängige geistliche und reichsgräfliche Ländchen (Erbach) vergrößert war, sowie das Herzogtum Nassau, die Fürstentümer Isenburg und Waldeck und das Großherzogtum Frankfurt. Letzteres wurde im Wiener Kongreß aufgelöst und seine Hauptstadt durch die Initiative des Reichsfreiherrn vom Stein wieder zur Freien Stadt im neu gegründeten Deutschen Bund gemacht. 1866, nach dem preußischen Sieg über Österreich, wurden diejenigen hessischen souveränen Territorien, die die österreichische Partei ergriffen hatten, annektiert und zur preußischen Provinz Hessen-Nassau vereinigt. Es handelte sich hierbei um Kurhessen, Nassau und die Freie Stadt Frankfurt. Das Großherzogtum Hessen-Darmstadt verlor, trotz seiner Parteinahme für Österreich, lediglich nördlich des Maines die Gebiete Biedenkopf und Homburg.

Ein Jahr später traten die Großherzöge dem Norddeutschen Bund bei, und von 1871–1918 waren sie deutsche Bundesfürsten im Kaiserreich der Hohenzollern. 1918 wurde das Großherzogtum in den Volksstaat Hessen umgewandelt. Der Fürst von Waldeck hatte 1867 die Verwaltung seines Landes Preußen überlassen. 1918 wurde das Gebiet Freistaat. Das Land um Pyrmont wurde 1922 mit der preußischen Provinz Hannover vereinigt, der Landesteil mit Waldeck ging nach einer Volksabstimmung 1929 an den Regierungsbezirk Kassel über.

Frankfurt wurde 1945, als der Staat Preußen aufgeteilt werden mußte, dem neuen Land Hessen einverleibt. Damit ist rund 380 Jahre nach dem Tode Philipps des Großmütigen die damals mit ihm zu Grabe getragene Einheit Hessens neu begründet worden. Die Hauptstadt des Landes ist Wiesbaden geworden.
Unter den beiden Ministerpräsidenten Prof. Dr. Geiler und Stock begann das neue Hessen sein eigenstaatliches Leben. Von 1950 bis 1969 folgte dann die lange Regierungsperiode des Ministerpräsidenten Dr. Georg August Zinn, die für das aus so unterschiedlichen Territorien zusammengesetzte Land eine Zeit der Konsolidierung und des Fortschrittes geworden ist, weshalb Ministerpräsident Osswald 1971 seinen Amtsvorgänger Zinn »den Baumeister des modernen Hessen« genannt hat. Es war in den fast 20 Jahren gelungen, das wirtschaftlich schwächere Nordhessen mit dem rheinisch aufgeschlossenen, ökonomisch begünstigten Südhessen zu einer Einheit zu verbinden. Es gelang die Eingliederung von über einer Million Heimatvertriebener. Vielfach beispielgebend war der äußere Wiederaufbau der hessischen Rechtspflege, die Schulbaupolitik des Landes und sein wirtschaftlicher Aufschwung.
So kontrastreich, wie die geschichtlichen Lebenslinien Hessens sind – hier in kleinstaatliche Absichten und Händel sich verlierend, dort auf überraschend große Ziele gerichtet –, so reich an Kontrasten sind auch die hessischen Landschaften und die Städte des Landes.
Mittelgebirge von eigenem Charakter mit dichten Wäldern, stillen Tälern und idyllischen Ortschaften wechseln mit Ebenen, betriebsamen Industriegebieten und verkehrsreichen Städten. Hinzu kommt, daß auch die klimatischen Unterschiede in dem an die dreihundert Kilometer lang in Nord-Südrichtung sich erstreckenden Land zwischen Weser und Neckar bedeutend sind. Und schließlich gibt es auch ausgeprägte Unterschiede im Volkscharakter und in den Dialekten der einzelnen Landschaften. Dies hat der Gelehrte Carl Julius Weber 1804 kurz und bündig in den Satz gefaßt: »Das Land der Hessen macht eigentlich den Übergang vom deutschen Norden zum Süden ...« Das Klima des nördlichen Hessen nennt er »schon rauher« und die Sprache »halb platt«. Aber er sah auch die Schönheiten dieses Landesteiles und schrieb: »Aber da Kurhessen meist Hügelland ist, so ist es dennoch reich an malerischen Gegenden und fruchtbaren Tälern. Schön und lachend sind die Gegenden zwischen Marburg und Friedberg, die Ufer der Fulda, Eder und Schwalm; die Grafschaft Ziegenhain ist eine wahre Kornkammer, bildschön das Gebirge, über das sich der hohe, basaltreiche Meißner erhebt, fruchtbar das Werratal von Eschwege bis Witzenhausen, der gesegnetste Teil des Landes bleibt aber die Grafschaft Hanau und die Lage Kassels der Triumph des Hessenlandes.« Das Großherzogtum nennt er »nicht so geschlossen und zusammenhängend..., aber ebener, fruchtbarer, bevölkerter und reicher, denn es gehört mehr dem Süden an«. Und schließlich nennt er Frankfurt am Main wichtig für den Durchgangshandel nach den Hansestädten und Leipzig.

Eigentlich ist es bei einer solchen Situation des Landes und seines Charakters einerlei, wo man mit einer Sammlung hessischer Impressionen anfängt. Damit in Kassel als der nordhessischen Metropole zu beginnen, läßt sich historisch und kulturell ebenso rechtfertigen, wie von Darmstadt, der Residenz Südhessens, oder von Wiesbaden als der einstigen Residenz Nassaus und heutigen Landeshauptstadt auszugehen. Auch Marburg an der Lahn, die Wiege der Landgrafschaft, zentral gelegen und von manchen als besonders hessisch bezeichnet, bietet sich an. Überall liegen Ausgangs- und Kreuzungspunkte von wichtigen Lebenslinien des Landes, und überall hat hessisches Wesen eine besondere Variante ausgebildet. Doch am beherrschendsten im Schnittpunkt der historischen Ereignisse, der Wirtschaft und des Verkehrs liegt die größte Stadt des Landes: Frankfurt am Main. Diese Stadt ist als Ballungszentrum der Industrie, des Handels und Verkehrs wie auf Grund ihrer politischen und kulturellen Tradition die eigentliche Metropole Hessens. Wenn auch Parlament und Regierung in dem kleineren und ruhigeren Wiesbaden arbeiten – der wirtschaftliche Puls des Landes schlägt in Frankfurt, wo die zentralen Banken und die Börse sind und wo der Schwerpunkt der Massenmedien Presse, Rundfunk und Fernsehen liegt.

Frankfurt gehört zu jenen deutschen Großstädten, deren für Jahrhunderte vertrautes Bild durch die Zerstörungen im Zweiten Weltkrieg und die anschließend ins Riesenhafte sich steigernde Bauentwicklung bis auf wenige, glücklich gerettete Züge im Bereich der Innenstadt verwandelt worden ist.

Aus Schilderungen von Reisenden, die in der ersten Hälfte des vorigen Jahrhunderts in der Postkutsche nach Frankfurt kamen und die Stadt von einer der umliegenden Höhen – etwa der Friedberger oder Sachsenhäuser Warte – »inmitten einer mit allen Reizen geschmückten Flußlandschaft« vor sich liegen sahen, kann man entnehmen, daß sich ihnen noch eine geschlossene Gesamtansicht bot.

Seitdem hat sich alles verwandelt. Längst gibt es den Blick auf »das sich inmitten seiner schönen Umgebung... ausbreitende Frankfurt« nicht mehr. Die Umgebung ist selbst Stadt geworden. Wohnsatelliten und Industrieanlagen sind weit in das hügelige Vorland des Taunus, sind mainauf- und abwärts an den Ufern entlang und in die Wälder um das linksmainische Sachsenhausen hinaus gewachsen. Diese neuen Stadtteile mit ihren immer zahlreicher werdenden Hochhäusern sind interessant, haben aber nichts »Frankfurterisches« mehr an sich; sie sind mit entsprechenden Vierteln anderer Großstädte austauschbar.

Auch die an Erinnerungswerten und alten architektonischen Eindrücken so reich gewesene Altstadt gibt es nicht mehr. Sie ging im März 1944 im Hagel von Bomben unter. Aber immerhin: der rötlich leuchtende gotische Domturm Madern Gertners blieb stehen und erhebt sich, für den Blick von den wiedererstandenen Mainbrücken noch immer beherrschend, über der Mitte der Stadt – unbeeinträchtigt von den in kilometerweitem Umkreis und an den Mainufern hüben und drüben ragenden Hochhäusern. Auch die malerische

Häuserzeile am Mainkai mit der alten Leonhardskirche, dem Fahrtorturm und dem Saalhofbau hat sich wieder geschlossen. Zusammen mit dem Main, seinem so oft gezeichneten und gemalten Eisernen Steg und den Türmen der Nikolai- und Paulskirche bietet dieser Teil des alten Frankfurt nun wieder einen der prächtigsten Anblicke unter den deutschen Städten. Und wer in den Grünanlagen der beiden Mainufer spazierengeht, im sogenannten »Nizza« und auf der Sachsenhäuser Seite zwischen Eisernem Steg und Städelinstitut, der erlebt sogar auch wieder etwas von dem Eindruck, den frühere Generationen hier genossen, die an die Stimmung der Pariser Seineufer erinnert wurden.

Frankfurt ist eine alte Stadt, die auf die Römer zurückweist. Sie saßen nicht nur in dem kleinen Kastell auf dem Domhügel, das eine Brücke über den Main zu sichern hatte – die Namen Römer für den Saalbau des Rathauses und Römerberg für den Platz davor erinnern an jenen Ursprung –, sondern im heutigen Stadtteil Heddernheim besaßen die Römer die große Grenzstadt Nida, und wo im Stadtteil Höchst die Nidda in den Main mündet, gab es ebenfalls ein Kastell. Die Erinnerung an Nida wird in dem Namen »Römerstadt« lebendig gehalten, den man der von Stadtbaurat Ernst May 1928 auf dem Römergelände angelegten, bahnbrechenden Gartensiedlung gegeben hat.

Doch nicht die Römer, sondern die Franken gaben Frankfurt seinen Namen. Nachdem sie den wichtigsten Flußübergang vom Süden zum Norden Deutschlands von den Alemannen erobert hatten, nannten sie den Ort »Franconofurd«. Im Saalhof sind noch Reste der Pfalz zu sehen, die hier entstand und von der man noch im 14. Jahrhundert als von der »aula regia« und »des ryches sal« sprach. Die gewaltigen Ausschachtungen für den U-Bahnbau im Gelände zwischen Römerberg und Dom haben die Geschichte dieses hochhistorischen Ortes im wahrsten Sinne des Wortes freigelegt. Die Wahlkapelle neben dem Dom, der Dom selbst und der Römer erinnern an die Jahrhunderte, in denen Frankfurt die Stadt der deutschen Königswahlen- und Kaiserkrönungen war. Der in der Welt berühmteste Frankfurter, Goethe, hat 1764 die vorletzte dieser Krönungen, die von Joseph II., miterlebt und uns in *Dichtung und Wahrheit* erzählt. Ein Jahr davor hatte der Frankfurter Arzt und Naturforscher Johann Christian Senckenberg ein Bürgerspital und ein medizinisch-naturwissenschaftliches Institut gestiftet, aus dem die weltberühmte, 1817 von Frankfurter Bürgern gegründete Senckenbergische Naturforschende Gesellschaft mit ihrem großartigen Museum hervorgegangen ist. Damit wurde in Frankfurt in jenen sechziger Jahren sowohl ein Zeichen für eine untergehende Epoche des Abendlandes als auch eines für eine neu heraufsteigende, von wissenschaftlichen und technischen Gedanken erfüllte Ära gesetzt.

Seitdem ist die Stadt immer ein Ort der Auseinandersetzungen konservativer und fortschrittlicher Geister geblieben, die einen Höhepunkt in den Jahren 1848/49 unter dem Zeichen der Paulskirche erreichten.

Doch geschah noch manches, was Goethes Meinung bestätigt, daß Frankfurt voller Merkwürdigkeiten stecke. An eine von ihnen erinnert das Hessendenkmal vor dem Friedberger Tor, das laut Inschrift von »Friedrich Wilhelm II., König von Preußen, den edlen Hessen, die im Kampfe fürs Vaterland am 2. Decbr. 1792 hier siegend fielen«, errichtet wurde. Es besteht aus zusammengewälzten Felsblöcken, aus denen ein hoher Würfel aufsteigt, der Helm, Schwert, Vlies und Widderkopf als Symbole des Mutes der Hessen im Kampf gegen die französische Revolutionsarmee trägt. Die Ironie des Schicksals fügte es, daß ein anderer preußischer König wenig über ein halbes Jahrhundert später, 1866, der Stadt ihre Freiheit nahm und sie preußisch machte: Wilhelm I. Eine andere Merkwürdigkeit Frankfurts war, daß ausgerechnet dieses patrizisch-bürgerliche Gemeinwesen unter Napoleon Hauptstadt eines Großherzogtums war, das von einem ehemaligen Mainzer Erzbischof, dem Primas des Rheinbundes Karl von Dalberg, regiert wurde.

An die Epoche, als Frankfurt von 1816–1866 Sitz des Deutschen Bundestages war, erinnern die von den Bomben verschont gebliebenen Portalbauten des barocken Thurn- und Taxis-Palastes. Hier ging Bismarck als preußischer Gesandter beim Deutschen Bund von 1851–1859 ein und aus. Und auch die Paulskirche ist als historisches Denkmal inmitten neuer Bauten und Straßen übriggeblieben: Dokument des Versuches führender liberaler Deutscher in den Jahren 1848/49, die deutsche Einheit mit innerpolitischer Freiheit der Bürger und liberalen Länderverfassungen zu erkämpfen. Die Spitze auf dem Domturm erinnert an den Beginn der Preußenherrschaft über Frankfurt. In der Nacht vor dem Einzug des siegreichen Königs Wilhelm war der alte Dom ausgebrannt. Der König stiftete zum Wiederaufbau diese neue Bekrönung des vordem stumpf endenden »Pfarrturms«, worin die Frankfurter die preußische Pickelhaube erkennen wollten, unter deren Regiment sie von nun an leben sollten.

Indessen: auch als preußische Provinzstadt behielt Frankfurt seine Bedeutung als Handelsmetropole und blieb ein Hort liberaler Kräfte, die in den jüdischen Bürgern und den Freimaurern starken Rückhalt fanden. Ihr journalistisches Sprachrohr, die »Frankfurter Zeitung«, stieg schnell zu einem der führenden Weltblätter auf. Von 1933–1945 ging in der Stadt viel menschliche und bauliche Substanz zugrunde, und in ihrer Erneuerung seitdem vollzog sich ein nahezu vollkommener soziologischer und architektonischer Wandel. Trotzdem: die beiden markantesten Denkmäler ihrer Vergangenheit, die Türme zweier berühmter Kirchen, des gotischen Krönungsdomes und der klassizistischen Paulskirche, beherrschen auch heute noch die Silhouette der Mainstadt.

Im Norden Frankfurts zeichnet sich am Horizont die an die römischen Campagnaberge erinnernde Taunuskette ab. Der Name Taunus soll vom keltischen »dun« herkommen, was »Höhe« bedeutet. Zum breiten Maintal fällt das Gebirge steil ab, nordwärts zum Lahntal verebbt es in welligem Hügelland, und am

Rhein entlang geht es von den angenehmen Rheingaubergen in die kühnen Felsformationen des Rheindurchbruchs über.

Die höchste Höhe der zwischen Wetterau und Rheingau sich zur Mitte in einem unvergeßlichen Panorama steigernden Gebirgssilhouette bildet das vesuvähnliche Massiv aus Altkönig und Feldberg. Auf dem 880 m hohen, baumlosen Gipfel des Großen Feldbergs liegen die Zeugnisse jüngster Technik und uralter Sage unmittelbar nebeneinander: der klotzige Sendeturm und die Klippen des Brunhildefelsens. Hier erlöste Siegfried die Walküre aus der Waberlohe.

Der Hauptkamm des Gebirges besteht aus sehr widerstandsfähigen Quarziten, an seinen milden Südhängen gedeihen Edelkastanien und Mandeln, und aus den Tiefen der Erde brechen heilkräftige, zum Teil heiße Quellen hervor. Sie wurden der Ursprung einer Reihe sehr bedeutender Heilbäder, die von Bad Nauheim am Rande der Wetterau über Bad Homburg vor der Höhe, Soden, Wiesbaden nach Schwalbach und Schlangenbad nahe dem Rheingau reicht.

Das Herzbad Nauheim war ein vom Zarenhaus und russischen Adel bevorzugtes Bad.

Homburg, wo Landgraf Friedrich II., Kleists Prinz von Homburg, das alte Burgschloß barockisieren ließ, entwickelte sich durch die Entdeckung der Mineralquellen im 19. Jahrhundert und das Spielkasino der Brüder Blanc zu einem Treffpunkt internationaler Gesellschaftskreise. Hier ließ sich Dostojewski zu seinem Roman *Der Spieler* inspirieren, Hölderlin dichtete in Homburg die größten Oden seiner reifen Zeit, und Goethe, der mit seinem Freund Merck zusammen das »Feenland« der Homburger Gärten gepriesen hat, rief auf seiner Reise nach Wetzlar zum Reichskammergericht in »Pilgers Morgenlied« dem Homburger Weißen Turm seinen dichterischen Abschiedsgruß zu.

Unter den Hohenzollern hatte Kaiser Wilhelm II. ein besonderes Faible für Bad Homburg, für dessen Verschönerung er viel tat. Ihm verdankt auch das Römerkastell »Saalburg« auf dem Taunuspaß über Homburg seinen Wiederaufbau.

Eine eigene kleine Welt bildet zum Teil heute noch Bad Schwalbach, ein Stahl- und Moorbad für Herz-, Blut-, Frauen- und Nervenkrankheiten. Der Ort liegt in einem von bewaldeten Bergen eng umschlossenen, tiefen und schmalen Tal. Er war vor allem im 18. und 19. Jahrhundert ein von europäischen Fürstlichkeiten bevorzugtes Heilbad. Die Gemahlin des Zaren Nikolaus I. kam hierher zur Kur, und einmal brachte die französische Kaiserin Eugénie ihren ganzen Pariser Hofstaat mit in das Taunustal. Bei den Frauen der Frankfurter Patrizier war es Mode, jährlich einmal zur Kur in das an angenehmen Zerstreuungen reiche Bad zu kommen. Fast noch ausschließlicher für Frauenkrankheiten wurde das kleinere Schlangenbad aufgesucht, das nicht weniger für seine »Amusements« beliebt war.

Zwischen die Bäder fügen sich anziehende Städtchen wie Oberursel, Kronberg, Falkenstein, Königstein, Eppstein ein, die mit ihren altertümlichen Gassen und Häusern, Kirchen und Burgen schon zur Zeit der Romantik Maler, Musiker und Dichter anlockten.

Im stärksten Kontrast zu ihnen haben sich an den Ufern des Maines gewaltige Industrieballungen entwickelt, durch die einst verträumte Mainstädtchen wie Rüsselsheim und Höchst zu weltrangigen Vororten der Technik und Forschung geworden sind.

In Höchst vereinigen sich die Gegensätze zu einmaliger Impression: Sozusagen zu Füßen der riesenhaften Industriesilhouette bildet die kleine karolingische Justinuskirche zusammen mit der ehemals mainzischen Burg und einigen alten Wohnhäusern eine Insel beschaulichen Friedens. Und unweit erhebt sich über dem Mainufer einer der sonderbarsten Barockpaläste. Mit seinen zweihundert Zimmern und seinem Terrassengarten hat er die Ausmaße eines absolutistischen Fürstensitzes. Aber nicht ein reicher Fürst hat ihn sich erbauen lassen, sondern »nur« ein bürgerlicher Schnupftabakfabrikant und Bankier – Joseph Maria Marcus Bolongaro –, der 1772 mit seiner Fabrik die erste Industrie nach Höchst gebracht hat. Ein Kirchenfürst förderte ihn hierbei: der Mainzer Erzbischof Emmerich Joseph von Breidenbach. Er hatte mit dem Bau der Neustadt Höchst begonnen und Bolongaro durch Erteilung großzügiger Privilegien den Zuzug schmackhaft gemacht. So wurde der Palast zum Dokument der beginnenden industriellen und gesellschaftlichen Revolution in Europa, die in Höchst so friedlich einsetzte.

Wo der Taunus den Rheingau erreicht, liegt die hessische Landeshauptstadt Wiesbaden. Heute erstreckt sie sich von den Taunushängen bis an das Rheinufer, während sie sich in alten Zeiten auf die Lage um die Heilquellen in dem »ebenso anmutigen als fruchtbaren Tale« (Friedrich Lehr) zu Füßen des Neroberges beschränkte. Von Wiesbadens »heißen Quellen jenseits des Rheins« berichtete schon im ersten Jahrhundert der römische Schriftsteller C. Plinius Secundus. Jenseits des Rheines hieß für ihn jenseits von Mainz, von wo sowohl die Ablösungen der römischen Besatzung des Kastells als auch die römischen Badegäste kamen. Wo jetzt das ehemalige herzogliche Schloß und heutige Parlamentsgebäude steht, gab es vor über tausend Jahren schon einen Königshof, den Einhard erwähnt, und später eine mittelalterliche Burg.

Dilich überliefert uns in seiner *Hessischen Chronica* von 1605 die Ansicht der kleinen nassauischen Burgstadt, erwähnt »darinnen das vornehme bahd« und berichtet: »...die gelehrten schreiben von dem wasser dieser bronnen, daß es ... diene denen erstarreten nerven vund adern, die erkalteten und geschwechten glieder erwerme...«

Durch seine nassauischen Herrscher wurde Wiesbaden zu einem noblen Weltbad ausgebaut. Es entstanden breite Straßen nach Pariser Vorbild und Hotels von europäischem Renommee. In einem von ihnen, dem

Schützenhof, der kürzlich abgerissen wurde, erinnerte noch eine Marmortafel im Vestibül mit den Namen kaiserlicher und hochfürstlicher Logier- und Badegäste an die Zeiten internationalen Glanzes der Kurstadt. Auch eines der Wahrzeichen Wiesbadens, die auf dem Neroberg weithin sichtbare griechische Kapelle mit ihren fünf vergoldeten Kuppeln, stammt aus jener Epoche. Sie wurde 1850 als Gruftkirche einer aus Rußland stammenden nassauischen Herzogin erbaut.

Am Neroberg erinnert noch ein Weinberg an die Zeiten, in denen alle seine Hänge mit Wein bepflanzt waren. Zu seinen Füßen und im Kurviertel entstanden im 19. Jahrhundert zahlreiche Villen mit Gärten, Terrassen und stillen Stiegen zwischen den Hangmauern. Man hat diese Villen das Schönste an Wiesbaden genannt. Mit Recht. Man findet sie nirgends in Deutschland reicher und bürgerlich-feudaler. Die mittelmeerische Villenkultur zog mit ihnen in diesen vom Klima so begünstigten hessischen Landstrich ein. In der Gründerzeit sollen an die dreihundert Millionäre in diesen wohlig an die Taunushänge geschmiegten Anlagen gewohnt haben. Heute hat sich auch hier die gesellschaftliche Umschichtung vollzogen, die nach dem Ende der Kaiserzeit einsetzte. Wiesbaden hat durch sie nach 1918 gelitten wie kaum eine andere Stadt in Deutschland. Erst das dynamische Ansteigen der Industrialisierung und der Einzug der Landes- und Bundesbehörden nach 1945 haben neues Leben – nun aber freilich ein anderes als ehedem – in die Stadt gebracht. Während außerhalb der Innenstadt Fabriken und Hochhaussiedlungen das Panorama Wiesbadens mehr und mehr erweitern und umprägen, halten neue Verwaltungsbauten auch im Weichbild der Wilhelmstraße und der Kuranlagen – einst durch herzogliche Verfügung streng abgeschirmtes Gebiet – ihren Einzug. Der Charme der Stadt und ihre Bäder zogen immer wieder bedeutende Persönlichkeiten des kulturellen Lebens an. Goethe gebrauchte wiederholt die Kur in dem »heilsamen Wiesbade«. Bei einer solchen Gelegenheit begegnete er zum erstenmal Marianne von Willemer. Im 19. Jahrhundert lebten die Dichter Friedrich von Bodenstedt und Gustav Freytag in der Stadt. An ersteren erinnert noch eine Haustafel in der Rheinstraße Nr. 78, ein Denkmal im Kurgarten an den anderen. Und im 20. Jahrhundert wohnten in Wiesbaden die Schriftsteller Alfons Paquet und Ernst Glaeser und der russische Maler Alexej von Jawlensky, der 1941 seine letzte Ruhestätte auf dem russischen Friedhof am Neroberg fand und dessen künstlerisches Vermächtnis in der Gemäldegalerie gehütet wird.

Am Rheinufer liegt Biebrich. Die lange, verkehrsreiche Straße dorthin war einst als die »schönste Allee Deutschlands« berühmt. Das ehedem gemütliche Rheinuferstädtchen ist heute ein industrialisierter Vorort Wiesbadens, und das ehemalige eigentliche Ziel der herrschaftlichen Fahr- und Reitallee, das am Rheinufer gelegene barocke Lieblingsschloß der nassauischen Fürsten, existiert unter den politisch und wirtschaftlich veränderten Verhältnissen heute mehr am Rande und ist doch immer noch eines der Juwele am Rhein.

Das Schloß liegt ausgesucht schön und majestätisch an dem großen, breiten Bogen des Stromes zwischen Mainz und Rheingau.

Auf alten Ansichten dominiert es neben dem Städtchen im Ufergrün. Heute ist es lediglich noch eine künstlerische Zäsur in der langen Reihe von Industriebauten, die von Kastell bis nach Schierstein reicht. Eine Idylle besonderer Art ist noch das neben dem Schloßpark über dem Rheinuferweg stehende Landhaus, in welchem Richard Wagner 1862 an seiner Oper *Die Meistersinger* gearbeitet hat. Eine Steintafel in der Gartenmauer läßt noch daran denken. Rheinabwärts beginnt hinter Schierstein der Rheingau, den Heinrich von Kleist einen »Lustgarten der Natur« nannte. Obwohl wie überall auch im Rheingau die Ortschaften der Industrialisierung zunehmend Tribut leisten müssen, hat sich die Lieblichkeit der vom Weinbau geprägten Landschaft behaupten können. Daher gilt die treffende Schilderung, die der Journalist J. K. Riesbeck 1784 von einer Schiffsfahrt in den Rheingau gab, noch immer. Er schrieb: »Als wir die Krümmung passiert hatten, welche der stolze Rhein ... unter Mainz macht, hatten wir eine Aussicht vor uns, die man außer der Schweiz schwerlich in einem anderen Lande zu sehen bekommt. Der Rhein breitet sich hier erstaunlich aus ... Zur Rechten bildet der eigentliche Rheingau ein Amphitheater, dessen Schönheiten weit über alle Beschreibung sind. Bei Walluf, dem ersten Ort des Rheingaues, laufen sehr hohe Berge ziemlich nahe an das Ufer des Stromes her. Von da ziehen sie sich landeinwärts und bilden einen Halbzirkel, dessen anderes Ende ... bei Rüdesheim an das Rheinufer stößt. Das Ufer, die Hügel, welche dieser Zirkel einschließt, und die Abhänge dieser Berge sind dicht mit Flecken und Dörfern besäet ... Alle sonnigen Abhänge der Berge und Hügel sind ein ununterbrochener Weingarten ... Die waldigen Häupter der hinteren Berge werfen ein gewisses feierliches Dunkel über die sonst so leichte Landschaft, welches eine vortreffliche Wirkung tut.« Die Schönheiten des Landes, das einst die Mainzer Erzbischöfe als ihren geliebtesten Besitz mit einer undurchdringlichen Hainbuchenhecke, dem »Gebück«, umgaben, können Bücher füllen. Unvergeßlich ist der Anblick von Schloß Johannisberg, das weithin sichtbar wie auf einer vorgeschobenen Bastion in den Weinbergen liegt. Das einstige Benediktinerkloster, an das die romanische Basilika erinnert, gehört heute dem Fürsten Metternich. Romantisch in einem Tal verborgen, lockt hinter Hattenheim die ehemalige Zisterzienserabtei Eberbach mit ihrem romanischen Münster, ihren prachtvollen gotischen Hallen und dem Frieden ihrer Gärten. Sie war ein Mittelpunkt des Weinbaues im Rheingau und zugleich auch des Weinhandels, den die Mönche von ihrem Klostergut Reichardshausen zu Schiff betrieben. Ein baufreudiger Abt verwandelte das Gut im 18. Jahrhundert in ein barockes Schloß. Und vor dem Abschied noch ein Gruß der Kunst: die Marienbilder des Rheingaues mit ihrem hoheitsvollen Liebreiz. Eines von ihnen thront in der gotischen Kirche zu Kiedrich, in der auch noch eine der ältesten deutschen Orgeln aus dem 15. Jahrhundert erklingt. Zu ihr gesellen sich die adelig-anmutige Hallgartnerin von 1420, die Eltvillerin auf der Mondsichel und die wundertätige Marienthalerin von 1313 in einem Waldtal hinter Geisenheim. Kirchen, Skulpturen, Burgen, Schlösser, Adelshöfe landauf und landab und dazu das Gottesgeschenk dieser Landschaft und der Wein als Lohn für über tausendjährigen Winzerfleiß – sie gehören zum Wertvollsten und Edelsten, was nicht nur Hessen, sondern was Deutschland zu bieten hat.

Neben Rhein und Südtaunus ist die Bergstraße der dritte durch sein mildes Klima berühmte Landstrich Hessens. Der Name stammt von der am Westrand des Odenwaldes sich von Bessungen bei Darmstadt bis nach Heidelberg entlangziehenden alten Kunststraße. Er wurde auf den gesamten Landstrich übertragen, der einer der reichsten Fruchtgärten Deutschlands ist mit Stein- und Kernobst, Mandeln, Walnüssen, Edelkastanien und Wein.

Der höchste Berg in der Gebirgskette, mit der der Odenwald übergangslos aus dem flachen Urstromtal des Rheines aufsteigt, ist der 515 m hohe Malchen oder Melibokus. An der Bergstraße entlang stehen ähnlich wie vor den Gipfeln der Taunuskette zahlreiche Burgen. Ihre Reihe wird vom Frankenstein südlich von Darmstadt eröffnet und reicht über das Auerbacher Schloß bei Bensheim, die Starkenburg über Heppenheim bis nach Weinheim, das schon im Badischen liegt.

Im flachen Land des Rheintales halten zwei architektonische Kostbarkeiten Erinnerungen an die Anfänge der deutschen Geschichte wach: die sog. »Torhalle« des einstigen Reichsklosters Karls des Großen in Lorsch und die Kirche in Trebur im Ried, in deren Mauerwerk Reste der kaiserlichen Pfalzkapelle enthalten sind. Während die fast zierliche Anlage in Lorsch, die als einzige von der bedeutenden kaiserlichen Bautengruppe übriggeblieben ist, heute mitten im kleinstädtischen Straßenleben steht, wirkt das mauerumfriedete, etwas erhöhte Gelände der Treburer Pfalz im stillen, weiten Ried ganz und gar verwunschen. Die Steine der alten, durch viele und folgenschwere Reichsversammlungen berühmt gewesenen Pfalz stecken heute gewiß in vielen Treburer alten Häusern. Man wird dort seltsam an die Stille erinnert, die auch Ravenna beherrscht, wo ebenfalls nur dem Wissenden die Zeugen einst lebendiger Geschichte sich offenbaren.

Mit dem Odenwald verbinden sich weit ältere Erinnerungen als mit Lorsch und Trebur. Sie reichen in die Sage zurück. Der Name des Gebirges deutet auf Odin, den Göttervater der Asen, der als »Wilder Jäger« in der Sage um die Odenwaldruine Rodenstein fortlebt. In den Odenwald zogen die Nibelungen von Worms herüber auf die Jagd. Im Weschnitztal wurde Siegfried von Hagen ermordet, und auf seiner Heerfahrt gegen den Hunnenkönig Etzel zog der Nibelungenkönig Gunther durch das Gebirge. Namen wie der Siegfriedsbrunnen bei Grasellenbach und die Nibelungen- und die Siegfriedstraße halten die Gedanken an jene fernen Ereignisse lebendig.

Von den Römern erzählen im Odenwald die Reste der Limeskastelle von Eulbach und Hainhäusel und die nicht fertig gewordenen Säulen und Gebälkstücke aus Granit, die römische Steinmetze im »Felsenmeer« am Melibokus zurückließen.

Ein Denkmal aus der Karolingerzeit ist die Basilika in Steinbach. Sie wurde als Klosterkirche von Einhard, dem Biographen Karls des Großen, erbaut, dem Ludwig der Fromme die Mark Michelstadt geschenkt hatte. In Michelstadt, das durch sein pittoreskes Fachwerkrathaus bekannt ist, soll er im Gelände der romantischen alten Kellerei seine Burg besessen haben. Stolz leiten die Reichsgrafen zu Erbach ihren Stammbaum von ihm ab. Die malerische Kreisstadt Erbach, dereinst die Residenz eines souveränen Odenwaldländchens, besitzt ein großes Schloß mit bedeutenden Sammlungen von Waffen, Rüstungen, antiken Funden und seltenen Geweihen. Als Mittelpunkt der vor rund 200 Jahren im Odenwald von Graf Franz I. eingeführten Elfenbeinschnitzerei weist es sich durch sein neues Elfenbeinmuseum aus. Die Burgen im Odenwald sahen Gäste mit ruhmvollen Namen in ihren Mauern. In Lichtenberg hielt sich Herr Walther von der Vogelweide auf, und auf Burg Reichelsheim malte Matthias Grünewald.

Bis an den Neckar reicht Hessen, in dessen südlichstem Zipfel zu Füßen einer Burg das romantische Städtchen Hirschhorn liegt. Jenseits des Neckars fangen die Höhen des badischen Kraichgaues an, die zum Schwarzwald überleiten. Nirgends deutlicher als hier in Hirschhorn empfindet man die den Norden mit dem Süden Deutschlands verbindende Situation Hessens.

Am nördlichen Ende des Odenwaldes, wo das Land bis zum Main hin fast flach wird, liegt Darmstadt. Es hat sich aus einer kleinen mittelalterlichen Burgstadt der Würzburger Bischöfe und dann der Grafen von Katzenelnbogen über eine landgräfliche und später großherzogliche Residenz zu einer modernen Großstadt entwickelt. Die vielgestaltige Baugruppe des Schlosses ist gleichsam das steinerne Geschichtsbuch dieser Stadt.

Heute umfaßt Darmstadt bedeutende Industrien und genießt durch sein Kulturleben hohes Ansehen weit über Hessen hinaus. So haben in Darmstadt, das über eine Technische Hochschule verfügt, die Deutsche Akademie für Dichtung und Sprache, der Rat für Formgebung und das PEN-Zentrum ihren Sitz. Die Musiktage im Jagdschloß Kranichstein haben weltweiten Ruf.

Die musische Tradition Darmstadts geht auf seine Fürsten zurück. Ihre barocken und klassizistischen Stadterweiterungen haben die Rheinstraße entstehen lassen, die sich mit Münchens Ludwigstraße messen kann. Auf ihrer langen, geraden Bahn aus den Wäldern zum Schloß erhebt sich in der Mitte des Luisenplatzes auf einer 43 m hohen Säule die von Schwanthaler geschaffene Erzfigur des ersten Großherzogs, den der Volksmund den »langen Ludwig« nennt. Er war ein Freund und Förderer von Musik und Dichtung. Als erster

Geiger und als Dirigent wirkte er in seinem eigenen Hoforchester mit. Von Schiller ließ er sich den *Don Carlos* in der Stille des »Fürstenlagers« an der Bergstraße vorlesen, und von Georg Moller ließ er das klassizistische Hoftheater (später Landestheater) errichten. Auf seine Regierungszeit geht die bedeutende Theatertradition Darmstadts zurück. Am lebendigsten in der Erinnerung aber ist das Wirken des letzten Großherzogs Ernst Ludwig durch seine zu Beginn unseres Jahrhunderts auf der Mathildenhöhe errichtete Künstlerkolonie und die hier durchgeführten zukunftweisenden Jugendstilausstellungen. Hochzeitsturm und Ernst-Ludwighaus sind weit bekannt. Die reichen Kunstsammlungen Ernst Ludwigs sind heute wertvoller Besitz des Hessischen Landesmuseums, das nach 1945 seine Bestände um Werke moderner Maler und Bildhauer hervorragend bereichert hat.

Wer Darmstadt hört, denkt auch an zwei Dichter: an Georg Büchner, der hier sein Drama *Dantons Tod* schrieb, und an Ernst Elias Niebergall, dessen Lustspiel *Datterich* deutsches Kleinstadtleben tiefsinnig deutet und dabei die hessische Wesensart in ihrer darmstädtischen Variante ausdrückt.

Zwischen Odenwald und Mainbogen dehnt sich weitgehend ebenes Land: der ehemalige Reichsforst und kaiserliche Wildbann Dreieich. Nahe Frankfurt, bei Schwanheim am Main, sind noch einige seiner uralten Eichen übriggeblieben. Jetzt liegt in dem stark gelichteten Waldgebiet, das von Autobahnen durchquert wird, der Rhein-Main-Flughafen, und um die Dörfer und Städte siedelt sich immer mehr Industrie an.

Im Tal des Hengstbaches, in der Nähe von Langen und ziemlich zentral im alten Wildbannforst steht in Dreieichenhain die Ruine der pfalzähnlichen Burg der einstigen Vögte mit Resten des kaiserlichen Palas. Zwischen Langen und Egelsbach liegt das heute noch bewohnte barocke Jagdschloß Wolfsgarten der Landgrafen und Großherzöge von Darmstadt. Seine Abgeschiedenheit inmitten weiter Wälder verleiht dem Schloß eine Intimität ohnegleichen in Hessen, und die Sammlung von Möbeln und Ausstattungsstücken des Jugendstiles, die der letzte Großherzog Ernst Ludwig hier hinterließ, zieht Kenner aus aller Welt an.

Einen besonderen Schatz an Erinnerungswerten birgt das Städtchen Seligenstadt am Main gegenüber den Spessarthöhen des Hahnenkammes. Der Ort hatte einst das weite Jagdgebiet des Dreieichs zum Hinterland. Auf das Kloster, das Einhard hier gründete und wo er mit seiner Gemahlin Imma, einer Tochter Karls des Großen, beigesetzt wurde, deutet die mit ihrer Kuppel und beiden Türmen weithin sichtbare Basilika hin. Über dem Mainufer erhebt sich noch das mit schönen romanischen Arkaden geschmückte Mauerwerk der merkwürdigsten deutschen Kaiserpfalz aus der Stauferzeit. Der geistreiche Kaiser Friedrich II. von Hohenstaufen ließ sie sich als Lust- und Jagdschloß ohne Befestigungsanlagen errichten. Damit ist sie einmalig im Mittelalter und ein Vorläufer der unbefestigten Renaissance-Lustschlösser. In Seligenstadt wurde gegen 1435 der Maler Hans Memling geboren, und dort lebte und malte von 1501–1526 Matthias Grünewald.

Auch die Industriestadt Offenbach am Main hatte den Dreieichforst zum Hinterland. Ihre isenburgische Geschichte dokumentiert noch das Schloß am Mainufer, dessen Hofseite mit ihrer fein reliefierten Arkadenarchitektur zum Höfisch-Vornehmsten dieser Art in Hessen gehört. In der Herrenstraße, die einst für die hugenottischen Einwanderer vom isenburgischen Landesherrn angelegt wurde, sind nach den schweren Kriegszerstörungen in der Stadt noch die kleine französisch-reformierte Kirche, einige Bürgerhäuser aus dem 18. Jahrhundert und die Flügel des ehemals freiherrlichen Büsing-Palais übriggeblieben. Der Name der Straße spricht für die Wohlhabenheit und gesellschaftliche Bedeutung der Hugenotten, durch die das Druckereigewerbe nach Offenbach kam, das als Stadt »der Lettern und des Leders« berühmt geworden ist. Im Büsing-Palais, wo im 18. Jahrhundert Goethe, Lili Schönemann, Johann Georg d'Orville, General Las Casas, die Sängerin Henriette Sontag und der Musikverleger und Komponist Johann André ein und aus gingen, ist heute eine weltberühmte Sammlung von Schriftkunst untergebracht: das Klingspor-Museum. Es trägt den Namen des Offenbacher Schriftgießers Karl Klingspor, durch dessen Initiative in Offenbach der Grund zur künstlerischen Entwicklung der neuen Druckschrift in Deutschland gelegt worden ist. Unter den Schätzen der Sammlung befindet sich auch der künstlerische Nachlaß des bedeutenden Schriftkünstlers Rudolf Koch, dessen für Klingspor entworfene Schrifttypen wesentlich zur Erneuerung der Buchkunst durch den Jugendstil beitrugen.

Die Lederindustrie, der andere Stolz Offenbachs, begann sich zu entwickeln, seit unter der Protektion des Fürsten Karl von Isenburg-Birstein nach 1800 dessen »Hof-Cartonier und Portefeuillesfabrikant« J. G. Klein sen. eine große Lederfabrik gründen konnte.

Begünstigt durch die enorm aufblühende Lederwarenindustrie im 19. Jahrhundert, entstand das bekannte Deutsche Ledermuseum.

Was unter den hessischen Städten Lettern und Leder für Offenbach und Elfenbein für Erbach bedeuten, das sind für Hanau am Main Gold und Silber. Im 19. Jahrhundert war die einst gräfliche Residenz an der Kinzigmündung das international anerkannte Zentrum der Gold- und Silberschmiedekunst in Europa, so daß Goethe schreiben konnte: »daß Hanau Arbeiten liefert, die man weder in Paris noch in London zu fertigen weiß, ja die nicht selten die des industriösen Genf übertreffen«.

Wegen ihres reformierten Glaubens nach Hanau geflüchtete Niederländer und Wallonen brachten um 1600 die erste Blüte der Edelmetallkunst in die Stadt. Das schachbrettförmige Straßennetz der zerbombten Neustadt und die ausgebrannte Ruine der Niederländisch-Wallonischen Doppelkirche halten das Gedächtnis an jene Zeit wie an das grausame Schicksal der kleinen Stadt im Zweiten Weltkrieg wach. Eine zweite Welle französischer Refugiés im 18. Jahrhundert ließ das Juweliergewerbe in Hanau dann zur höchsten Blüte kommen. Vor allem ausländische Herrscher, die mit ihren Gefolgen in die Taunusbäder kamen, brachten große Aufträge nach Hanau. Die märchenhaftesten Bestellungen in Hanauer Werkstätten sind von den russischen Zaren und dem König von Siam überliefert.

Nach 1945 mußte die Innenstadt fast völlig wieder aufgebaut werden. Aus der alten, gemütlichen Handwerkerstadt wurde ein von neuen Industrieanlagen und zahlreichen Neubürgern geprägter Ort. Am Rande der Stadt überdauerten zwei Anlagen aus der höfischen Zeit den Krieg: das Barockschloß Philippsruhe im Vorort Kesselstadt, wo schon die Römer an der Kinzigmündung ein starkes Steinkastell errichtet hatten, und die schloßähnlichen Kurgebäude von Wilhelmsbad in einem großen Englischen Park. Hier blühte um 1800 für kurze Zeit ein Modebad auf, das Goethes Mutter 1803 als Gast des Königs und der Königin von Preußen sowie des Herzogs von Weimar im schönsten gesellschaftlichen Glanz erlebte. Die Bomben überdauerte auch das vor dem wiederaufgebauten Neustädter Barockrathaus stehende Denkmal der Brüder Jakob und Wilhelm Grimm, das ihnen ihre Geburtsstadt Hanau errichtet hat.

Auf den Spuren der Brüder Grimm kommt man kinzigaufwärts nach dem mittelalterlichen Steinau an der Straße, in dessen Amtshaus sie die Jugendjahre verlebten. »An der Straße« bedeutet, daß Steinau an der alten Messestraße von Frankfurt nach Leipzig »durch die langen Hessen« erbaut wurde. Im herb-lieblichen Kinzigtal liegt auch Gelnhausen mit seiner das Stadtbild am Berghang beherrschenden mittelalterlichen Marienkirche und den Resten der prachtvollen Kaiserpfalz Friedrich Barbarossas, die auf einer Kinziginsel heute von Bäumen und Efeu malerisch bewachsen ist. Ihr großer Palas mit seinen reichen Steinmetzarbeiten ist eine der wertvollsten Architekturen der Stauferzeit. In Gelnhausen wurde Grimmelshausen geboren, der die Stadt zu einem der Schauplätze seines Romans *Simplizius Simplizissimus* machte. Noch einmal taucht ihr Name im 19. Jahrhundert in einem Werk der Weltliteratur auf: Brentano läßt in seinem romantischen Märchen »Gockel, Hinkel und Gackeleia« den König von Gelnhausen im Gemäuer der Pfalz wohnen.

Die Kinzig trennt den Spessart vom Vogelsberg. Während vom Spessart nur ein kleiner Teil hessisch ist, in welchem das Herzbad Orb, von tiefen Wäldern umringt, liegt, ist der Vogelsberg ein ganz und gar hessisches Gebirge. Er ist ein erloschener Vulkan aus Basalt über einem Sockel von Buntsandstein und Rotliegendem. Im zentralen, 772 m hohen Taufstein erreicht er seine größte Höhe. Nordwärts verliert sich das Gebirge gegen Alsfeld in die Schwalmebene, und gegen Westen laufen mehrere Züge nach der Wetterau hin aus.

In den Tälern der kleinen Flüsse, die vom Zentralmassiv radial in die Wetterau, zur Lahn, Eder und Fulda fließen, liegen viele alte Adelssitze und kleine Residenzen, die den Vogelsberg trotz seiner in den Höhen rauhen Natur zu einer Landschaft beschaulicher Feudalität gemacht haben. Das malerische Büdingen mit seinem Schloß der Fürsten Ysenburg, das hochgelegene Burgschloß der Fürsten Birstein, die verschiedenen

Schlösser der Grafen von Schlitz im »Schlitzer Land«, der Grafen Solms in Laubach und der Freiherrn von Riedesel in Lauterbach, dem Hauptort des »Junkerlandes«, vermitteln noch lebendige Eindrücke davon. Vom Geist bürgerlicher Kaufleute und Handwerker geprägt ist dagegen die kleine Stadt Alsfeld mit ihren Fachwerkhäusern, deren schönstes das Rathaus ist. Die Stadt entwickelte sich an dem zweiten alten Messeweg von Frankfurt nach Leipzig »durch die kurzen Hessen«. Sie liegt an der Schwalm, die aus dem Vogelsberg zur Eder fließt und in ihrem mittleren Lauf einem oberhessischen Landstrich, der durch seine Trachten berühmt ist, den Namen gegeben hat. Das Märchen vom Rotkäppchen hat hier seine Heimat.

Östlich des Vogelsberges erheben sich an der Grenze zwischen Hessen, Thüringen und Bayern die ebenfalls von vulkanischen Decken überlagerten Höhen der Rhön. Sie formen ein Gebirge von herber Eigenart, das oft rauh und im Winter schneereich ist. Hier gibt es mehr Viehzucht als Landwirtschaft und viel gewerbliche Heimarbeit, unter anderem Holzschnitzerei (Tann).

Auf der 950 m hohen Wasserkuppe, deren Name mit der Geschichte der deutschen Segelfliegerei verbunden ist, entspringt die Fulda. Sie durchfließt in nördlicher Richtung mit 154 km Länge Oberhessen und vereinigt sich bei Münden mit der vom Südhang des Thüringer Waldes kommenden Werra zur Weser.

Im Fuldatal haben sich drei Städte von besonderer Bedeutung entwickelt: Fulda, Hersfeld und Kassel.

Wer Fulda sagt, denkt an Bonifatius und an Barock.

Bonifatius ist durch seine Gründung der Abtei Fulda im Jahre 744 zugleich zum Urheber der Stadt geworden, in deren Dom sich sein Grab befindet. Sein Denkmal gegenüber dem Ehrenhof des ehemaligen fürstäbtlichen Schlosses, das ihn mit dem Kreuz in der erhobenen Hand darstellt, weist ihn als den Missionar der Chatten und den Apostel der Deutschen aus. Damit ist es *das* Denkmal in Hessen, das am weitesten in die Frühzeit der Landesgeschichte zurückdeutet. Von den mittelalterlichen Bauwerken der Stadt steht noch die Michaelskapelle auf dem alten Friedhofshügel neben dem Domvorplatz. Der Dom aber, der einst in seiner Größe mit der römischen Peterskirche wetteiferte, und die mittelalterliche Abtsburg auf der Stadtseite des Domplatzes bieten sich heute als prachtvolle Barockarchitekturen dar. Der römische Prunk der Domkirche mit ihrer kuppelüberragten Zweiturmfassade, die Pracht des fürstlichen Schlosses mit seiner cour d'honneur und die festliche Orangerie auf einer der heitersten Gartenterrassen ergeben einen Dreiklang aus barocker Architektur, Platz- und Gartengestaltung von unvergleichlicher Wirkung.

Die Noblesse und Heiterkeit des Rokoko nahm die Baukunst der Fürstäbte im Schloß Fasanerie bei Fulda an, dem ehemaligen Sommerschloß Adolphseck.

Im Fuldatal zwischen Knüllgebirge und Seulingswald liegt das Mineralbad Hersfeld. Auch diese Stadt hat eine Benediktinerabtei zum Ursprung, die Lullus, ein Gefolgsmann des Bonifatius, gegründet hat.

In dem großartigen Ruinenraum der romanischen Basilika ist noch die Bedeutung und Macht des einst umfangreichen Territoriums der alten Reichsabtei zu spüren.

Nördlich von Bad Hersfeld nimmt die Fulda bei Cuxhagen die Eder auf und erreicht schließlich das weite Kasseler Becken, dessen Ränder von den bewaldeten Höhen der Gebirge Habichtswald, Kaufungerwald und Reinhardswald gebildet werden.

Die Lage Kassels nannte C. J. Weber 1804 den »Triumph Hessens«. Allerdings ist die Stadt im Zweiten Weltkrieg derart zerstört worden, daß von ihrer Ursprungszelle, dem ehemaligen Landgrafenschloß, das sich hoch über dem Fuldaufer auf dem Platz eines fränkischen Königshofes und später einer Burg entwickelt hatte, nichts mehr zu sehen ist. Nur das sogenannte Rondell, ein Rest alter Befestigungsanlagen, wo jetzt das Regierungsgebäude steht, erinnert daran.

Für die Vergangenheit der Stadt in Gotik und Renaissance sprechen die wiederhergestellte Martins- und Brüderkirche sowie das Ottoneum, das älteste erhaltene Theater in Deutschland.

Reich ist dagegen noch der Bestand an Anlagen aus den Epochen des Barock und Klassizismus, auf die sich der Ruf Kassels gründet, eine der schönsten deutschen Städte zu sein.

Die Grundlagen zu dem glänzenden städtebaulichen Aufstieg Kassels legte der Landgraf Karl (1670–1730). Er schuf für vertriebene Hugenotten die Oberneustadt nach einem rasterförmigen Gesamtplan von Paul du Ry sowie die weite Karlsaue im Fuldatal unterhalb des terrassierten Uferhanges der Stadt mit dem jetzt als Ruine stehenden Orangerieschloß und endlich die grandiosen Anlagen der Wilhelmshöhe am über 500 m hohen Habichtswald. Der Italiener Guerniero lieferte die Pläne für das weit über Kassel hin sichtbare Riesenschloß mit dem Herkules, die Wasserkaskaden und die anschließende gerade Allee, die sich fünf Kilometer lang bis Kassel fortsetzt. Der englische Reiseschriftsteller Sacheverell Stevens pries diese Anlage »als eine der prächtigsten ... in ganz Europa, selbsten diejenigen zu Versailles, Frascati, Tivoli und andere ..... Orten nicht ausgenommen«. Und die Mutter Schopenhauers war bereit, »alles mitsamt seinem Herkules für das achte Wunder der Welt anzuerkennen«.

In den fünfziger Jahren des 18. Jahrhunderts gründete Landgraf Wilhelm VIII. die bedeutende Gemäldegalerie. Mit ihr beginnt die große Tradition der Kunstpflege in Kassel, die heute in den Documentaausstellungen fortgesetzt wird.

Unter Wilhelms Nachfolger Friedrich II. wurde von Simon Louis du Ry die Kasseler Altstadt mit der Neustadt durch großzügige Platzanlagen (Friedrichs- und Königsplatz) verbunden und das Stadtbild zu geradezu künstlerischer Reife entwickelt. Bei der verstärkten Industrialisierung Kassels nach 1945 ist auf die Bewahrung des Stadtbildes mehr Rücksicht genommen worden als in jeder anderen hessischen Stadt.

Neun Kilometer nördlich von Wilhelmshöhe entfernt liegt in einer stillen, hügeligen Wiesen- und Waldlandschaft ein architektonisches Juwel des Hessenlandes: Cuvilliés' Rokokoschloß Wilhelmsthal. Mit seiner feinen, anheimelnden Eleganz, seinen wohnlichen Proportionen und delikaten Farb-Raum-Gestaltungen ist es eines der Spitzenwerke des europäischen Rokoko.

Im weiten Umkreis um Kassel, innerhalb der von Werra, Weser und Diemel umschlossenen Gebiete, liegen Burgen, die Zeugnis von den Kämpfen ablegen, in denen die hessischen Landgrafen sich im Mittelalter gegen Thüringen, Braunschweig, Paderborn und Mainz behaupten mußten. Gegen die östlichen Nachbarn standen ihre Schutzburgen Berlepsch, Ludwigstein, Altenstein, die Boyneburg. Zwischen Weser und Diemel bildeten die Trendelburg, Sababurg und Grebenstein Bollwerke gegen Paderborner und Mainzer Angriffe. Östlich von Kassel, zwischen Fulda und Werra, ragt der 750 m hohe Tafelberg des Hohen Meißner empor, der schon im 18. Jahrhundert ein beliebtes Ziel für Wanderer aus nah und fern war. 1913 vereinigten sich auf seinem Gipfel alle Richtungen der Freideutschen Jugend zu einem Fest der Jugendbewegung, bei dem eine Bekenntnisformel beschlossen wurde.

Im fruchtbaren Werratal, schon nahe der thüringischen Grenze, liegt die Kreisstadt Eschwege, die mit ihrem Schloß einst eine landgräflich hessische Nebenresidenz war. »Eschwege ist Sitz des blühendsten Gewerbefleißes, es ist unser hessisches Elberfeld«, rühmte 1860 F. Altmüller. In dem Bericht werden 24 Gerbereien für das »weitberühmte« Eschweger Sohlenleder aufgeführt. Nach dem Zweiten Weltkrieg entfaltete die Stadt eine rege industrielle Tätigkeit, die ihren guten alten Ruf als Ort großen Gewerbefleißes auch in der Gegenwart bestätigt.

Hessens nördlichste Grenze verläuft hinter dem Reinhardswald eine Strecke an der Weser entlang bis zur Diemelmündung, wo Karlshafen liegt. Die Stadt ist eine Gründung jenes absolutistischen Landgrafen Karl, dem Kassel seine Wilhelmshöhe und Karlsaue verdankt. Sie war als Weserhafen für einen Schiffahrtskanal gedacht, der unter Einbeziehung von Fulda, Eder und Lahn die Weser mit dem Rhein verbinden sollte. Mit dem Bau wurde 1699 begonnen und Karlshafen gleichzeitig als Waldenser- und Hugenottenstadt angelegt. Da die technischen Möglichkeiten der Zeit für den Kanalbau nicht ausreichten, kam die geniale Idee der Landgrafen, einen Nord-Süd-Wasserweg durch Hessen zu schaffen, nicht zur Ausführung. Karlshafen als reizvolle, einheitlich barocke Stadtanlage blieb davon übrig.

Im Edertal liegen nahe beieinander Fritzlar und Geismar, zwei Orte, die in Hessens frühester Geschichte wichtige Rollen spielten. Bei dem Dorf Geismar fällte Bonifatius im Jahre 723 die Donareiche, um den Chatten die Machtlosigkeit ihres Gottes zu beweisen, und Fritzlar mit seinem alten Dom im interessant gestuften Stadtbild erlebte seit Karl dem Großen wichtige Königswahlen und Reichstage.

Abseits der Eder, im Kellerwald, liegt die aus Alt- und Niederwildungen bestehende Burg- und Badestadt, deren Sauerbrunnen schon im 16. Jahrhundert verwendet wurde. Seit 1906 heißt die ursprünglich thüringische und später waldecksche Stadt Bad Wildungen. In ihrer gotischen Hallenkirche befindet sich ein prachtvoller Flügelaltar von 1403, ein Hauptwerk des Meisters Konrad von Soest.

Zwischen Waldeck, der Stammburg der Fürsten von Waldeck, und dem 26 km flußaufwärts liegenden Dorf Herzhausen ist die Eder, die aus dem Rothaargebirge kommt, zu einer der größten deutschen Talsperren gestaut worden (1910–1915). Sie dient zur Regulierung der Weser und ist als malerischer Waldsee eines der Erholungsgebiete Hessens.

Nördlich des Edersees liegt die einstige Residenzstadt des Fürstentums Waldeck: Arolsen. Sie wurde als ein »Klein-Versailles« nach einheitlichem Plan erbaut. Das Schloß J. L. Rothweils blieb teilweise unvollendet, weil das kolossale Projekt die finanziellen Kräfte des kleinen Fürstentums weit überforderte. Am Oberlauf der Eder, zwischen Rothaargebirge und Kellerwald, liegt Frankenberg. Der Ort spielte schon in der Zeit des Kampfes der Franken gegen die Sachsen eine wichtige Rolle und blühte im Mittelalter durch seine Wollweberei und den Bergbau. Schöne Fachwerkhäuser, vor allem das Rathaus mit seiner reichen Silhouette, sprechen noch für die Blütezeit der Stadt.

Von der Eder durch das Tal der Wetter, die oberhalb von Marburg in die Lahn mündet, muß ein Kanalstück des Wasserweges zwischen Weser und Rhein geplant gewesen sein. Die Lahn entspringt wie die Eder im Rothaargebirge, wendet sich aber bei Cölbe, nachdem sie Wetter und Ohm aufgenommen hat, südwärts zum Rhein. An ihrem Oberlauf liegt Marburg, die Stadt der heiligen Elisabeth und die Wiege der Landgrafschaft Hessen. Die frühgotische Elisabethkirche zu Füßen des von der Altstadt terrassenförmig umbauten Schloßberges und das Schloß auf der Höhe, die Krone aller hessischen Burgschlösser, sind die unvergeßlichen steinernen Dokumente dieser Vergangenheit. Die Bergstadt mit ihren vielen Fachwerkhäusern und romantisch-winkligen Treppengassen bezaubert Besucher aus aller Welt. In überraschendem Kontrast zu ihr stehen die jüngsten Universitätsbauten in den Lahnwiesen. Die Universität trägt den Namen ihres Schöpfers, des »großmütigen« Landgrafen Philipp, der sie 1527 als die erste Universität Hessens und zugleich die älteste evangelische Hochschule in Deutschland gründete. Im Marburger Schloß wird auch noch der Raum gezeigt, in dem er, um die Spaltung der Reformation zu überwinden, das berühmte Religionsgespräch zwischen Luther und Zwingli führen ließ. Vergebens. Die Spaltung der Evangelischen ließ sogar die Nachfahren Philipps, die Landgrafen von Kassel und Darmstadt, sich im Dreißigjährigen Krieg als Feinde gegenüberstehen. Ihrer religiösen Gegnerschaft verdankt die Universität in Gießen ihre Entstehung, die vom Darmstädter Landgrafen Ludwig V. als rein lutherische Hochschule eingerichtet wurde. Gießen, das zu den im letzten Krieg zerstörtesten Städten Hessens gehört, aber tatkräftig und modern wieder aufgebaut worden ist, besitzt aus der alten Zeit noch sein für Philipp den Großmütigen errichtetes Schloß, dessen Obergeschoß ähnlich wie der Südflügel des Schlosses in Eschwege aus klarem, strengem Fachwerk besteht. Dagegen ist die Gießener Universitätsbibliothek eine der interessantesten Nachkriegsarchitekturen in Hessen.

Eine Stadt der künstlerischen Muse ist Gießen nie gewesen. Der Dichter Georg Büchner rebellierte als Student in Gießen gegen den Bürgergeist. Hier gründete er einen revolutionären Geheimbund, schickte im »Hessischen Landboten« seine Revolutionsaufrufe ins Land und ließ sich zum *Woyzeck* inspirieren. Was Büchner zur Verzweiflung trieb, die ländliche Ruhe und das Ackerbürgerwesen, hielt einen der berühmtesten Gießener Professoren, Justus von Liebig, am Ort. In seinen biographischen Aufzeichnungen schreibt er: »Ich denke stets mit Freude an die achtundzwanzig Jahre zurück, die ich dort verlebte. Es war wie eine höhere Fügung, die mich an die kleine Universität führte. ...in Gießen konzentrierte sich alles in der Arbeit.« Und auch der große Entdecker der »unsichtbaren Strahlen«, Wilhelm C. Röntgen, hat in Gießen erfolgreich gewirkt. Er hat immer die Gießener Zeit zu den glücklichsten Perioden seines Lebens gerechnet. Und vor den beiden großen Gießener Gelehrten hat sich schon Goethe in der Atmosphäre des Ortes wohlgefühlt, wenn er, von Wetzlar aus, »das liebliche Tal herauf« wanderte, um seine Freunde Merck und Professor Hoepfner zu besuchen.

Der landschaftliche Gegensatz zwischen der Lage Marburgs und Gießens im Lahntal ist sehr groß. Während die wehrhaft wirkende Burgstadt Marburg wie ein Riegel im bewaldeten Lahntal steht, breitet Gießen sich flach im einst sumpfigen Lahnbecken aus. Die Burgen befinden sich hier außerhalb der Stadt, wo auf zwei nebeneinander liegenden Basaltkegeln die Ruinen Gleiberg und Vetzberg als beherrschende Akzente in der weiten Landschaft stehen. Vom Gleiberg, auf dem schon die ersten Grafen im Hessengau, die Konradiner, eine Burg errichteten, ging die Besiedlung Gießens in der Niederung aus.

Von Gießen kommt man lahnabwärts durch eine Reihe geschichtsreicher Städte und Burgen. Zunächst nach Wetzlar. Der in vielen Generationen erbaute mittelalterliche Dom ist die Krönung der Stadt, die trotz großer Industrieanlagen in den Randgebieten im Zentrum noch sehr einheitlich erhalten ist. Das Rathaus und die »Alte Kammer« waren einst die Sitze des Reichskammergerichtes, wo der junge Jurist Goethe auf Wunsch seines Vaters tätig war. Seine Leidenschaft zu Charlotte Buff ließ Goethe in Wetzlar seinen Roman *Die Leiden des jungen Werthers* schreiben. Goethes Wohnhaus am Kornmarkt, das »Lottehaus« neben dem ehemaligen Deutschordenshof und das Haus des unglücklichen Jerusalem am Schillerplatz werden den Fremden noch gezeigt.

Wo das Lahntal eng und die Ufer felsig werden, am gewundenen Lauf des Flusses zwischen Westerwald und Taunus finden sich Orte, denen das Merkmal imposanter Lagen auf hohen Felsen gemeinsam ist.

In Weilburg, der konradinischen Wileneburch und späteren Nassauer-Residenz, lädt das hoch über einer Lahnschleife liegende Schloß mit reichen und schönen Renaissance- und Barockbauten ein. In Runkel sind Felssockel und Burg, Natur und Baukunst zu einer gewaltigen, unauflöslichen Einheit geworden, die sogar im burgenreichen Hessen einmalig ist.

In Dietkirchen gilt dasselbe für die markant auf einem Kalkfelsen über dem Fluß stehende romanische Stiftskirche, die einst die Mutterkirche des ganzen Lahngaues und Sitz des Archidiakons aller rechtsrheinischen Kirchen Triers war.

Der Höhepunkt aber ist Limburg, wo Dom und Burg ihren steil aus der Lahn aufsteigenden Felsenunterbau architektonisch in der Höhe ausklingen lassen. Die Burg hat eine bis in die merowingische Zeit zurückreichende Vorgeschichte. Sie gehörte später den Konradinern, war dann ysenburgisch und schließlich trierisch. Die neben ihr auf gemeinsamem Felsplateau emporragende, fünftürmige spätromanische Stiftskirche St. Georg ist noch ganz vom Geist der Ritterzeit erfüllt und geprägt. Im 19. Jahrhundert wurde sie zum Bischofsdom erhoben.

Die untere Lahn bis zum Rhein gehört heute nicht mehr zu Hessen, obwohl hier die Stammburg der Nassauer liegt, deren spätere Residenz Wiesbaden seit 1945 Hessens Landeshauptstadt ist.

Die Mündung der Lahn in den Rhein bezeichnet die Stelle, wo Cäsar zu seinen Kriegszügen gegen die Ubier und Chatten aufbrach, wo später der Stauferkaiser Friedrich II. am Ufer die zu Schiff rheinaufwärts kommende Isabella von England als Gattin erwartete und wo der Kasseler Landgraf Karl seinen genial erdachten Wasserweg durch Hessen von Karlshafen an der Weser zum Rhein enden lassen wollte.

Was man auch anspricht an Landschaften, Städten, bedeutenden Werken der Technik und der Kunst, immer wieder werden die Lebenslinien eines Landes sichtbar, das mitten hineinverwoben ist in das einstige und heutige Schicksal Deutschlands.

Verzeichnis der Abbildungen

Alsfeld, Rathaus 51
Amöneburg, Luftbild 72
Arolsen, Schloß 74
Bad Homburg, Schloß 15
Bad Nauheim, Sprudelhof 19
Bad Orb, Brunnentempel 44
Bad Orb, Konzerthaus 45
Bad Wildungen, Kurpark 75
Bergstraße, Baumblüte 30
Bilstein, Blick auf
   Hohen Meißner 69
Braunfels, Schloß 82
Breuberg, Burg 32
Büdingen, Jerusalemer Tor 46
Büdingen, Schloß 47
Butzbach, Marktplatz 21
Darmstadt, Hessisches
   Landesmuseum 37
Darmstadt, Luisenplatz 39
Darmstadt, Mathildenhöhe 35
Darmstadt, Schloß 36
Eberbach, Abtei 28
Eder-Talsperre 73
Ehrenfels/Rhein 27
Eltville, Taufstein 29
Eppstein, Burg 18
Erbach, Schloß 34
Eschwege, Marktplatz 66
Fasanerie, Schloß bei Fulda 55
Feldberg 12
Frankenberg, Rathaus 71

Frankfurt, Dom 1
Frankfurt, Goethehaus 5
Frankfurt, Hauptwache 3
Frankfurt, Liebighaus 7
Frankfurt, Nordweststadt 9
Frankfurt, Sankt Leonhard 4
Frankfurt, Schauspielhaus 6
Frankfurt, Römer 2
Frankfurt, Zürichhochhaus 8
Frankfurt-Höchst, Bolongaro-
   palast 10
Frankfurt-Höchst, Jahrhundert-
   halle 11
Friedberg, Burg 20
Fritzlar 68
Fürstenau, Schloß 31
Fulda, Dom 53
Fulda, Porzellanfiguren aus
   Manufaktur 54
Fulda, Schloß Fasanerie 55
Fulda, Abtschloß 52
Gelnhausen, Kaiserpfalz 48
Gleiberg, Blick von der Burg 78
Gießen, Universitäts-
   Bibliothek 76
Gießen, Das Neue Schloß 77
Hanau, Goldschmiedehaus 42
Hanau, Schloß Philippsruhe 43
Hersfeld, Stiftsruine 50
Hirschhorn 33
Homberg an der Efze 70
Hünfeld 57
Idstein/Taunus 14

Kassel, Luftbild 59
Kassel, Regierungsgebäude 60
Kassel, Staatliche Kunst-
   sammlungen 63
Kassel, Treppenstraße 61
Kassel, Wilhelmshöhe,
   Blick vom Herkules 62
Kassel, Wilhelmshöhe,
   Löwenburg 64
Königstein/Taunus 16
Kranichstein, Jagdschloß 38
Kronberg, Burg 17
Limburg, Dom 84
Marburg 80/81
Melsungen, Rathaus 58
Münzenberg, Burg 49
Offenbach, Isenburger Schloß 40
Offenbach, Deutsches
   Ledermuseum 41
Reinhardswald 67
Rhönlandschaft 56
Rheingau bei Rüdesheim 26
Taunus, Feldberg 12
Taunuslandschaft bei Esch 13
Weilburg 83
Wetzlar, Dom 79
Wiesbaden, Biebricher
   Schloß 25
Wiesbaden, Kurhaus 23
Wiesbaden, Kurviertel 22
Wiesbaden, Neroberg 24
Wilhelmsthal, Schloß bei
   Kassel 65

Abbildungen

Verzeichnis der Lichtbildner

Nagel, W. A., Hanau 1, 3, 7, 10, 12, 17, 18, 20, 21, 22, 24, 25, 29, 32, 33, 34, 36, 38, 42, 43, 47, 48, 49, 51, 52, 54, 55, 56, 58, 76, 77, 78, 79, 83
Roebild, Frankfurt 2, 14, 26
Landesbildstelle Hessen, Frankfurt 4, 5, 13, 16, 30, 57, 62, 67
Göllner, Hans Georg, Frankfurt 6
Grieshaber, B. und K., Frankfurt 9
de Sandalo, Frankfurt 8, 11
Verkehrsamt, Bad Homburg 15
Aero-Exploration, Frankfurt 19 (Freig. Reg.-Präs. Wiesbaden Nr. 1675/55), 73 (Freig. Reg.-Präs. Darmstadt Nr. 137/68), 59 (Freig. Reg.-Präs. Darmstadt Nr. 34/66)
Weber, Joachim, Wiesbaden 23
Busch, Dr. Harald, Frankfurt 27
Aufsberg, Lala, Sonthofen 28
Landesverkehrsverband Hessen, Wiesbaden 31
Ludwig, Pit, Darmstadt 35
Hessisches Landesmuseum, Darmstadt (Dobrick und Kumpf) 37
Jänicke, Anselm, Frankfurt 39, 40
Deutsches Ledermuseum, Offenbach 41
Falke, Jupp, Frankfurt 44
Gebr. Metz, Tübingen 45
Saebens, Hans, Worpswede 46, 53, 68, 71, 82
Bildarchiv Foto Marburg, Marburg 50
Becker, Günther, Kassel 60, 61
Staatliche Kunstsammlungen, Kassel (Erich Müller) 63
Müller, Erich, Kassel 64, 65
Verkehrs- und Verschönerungsverein, Eschwege 66
Müller, Kurt W. L., Kassel 69
Retzlaff, Hans, Tann/Rhön 70
Aero Lux, Frankfurt 72 (Freigabevermerk Nr. 717/62)
Hahn, Bad Wildungen 75
Holtsch, G., Marburg 80/81
van Deschwanden, Giessen 78
Jeiter, M., Aachen 74, Umschlagbild
Heinz, Limburg 84
Brugger, Albrecht, Stuttgart, Vorsatzbild Luftaufnahme Frankfurt Flughafen

1 Frankfurt. Mainpartie mit de gotischen Dom (16.–18. Jh. deutsche Krönungskirche) und de Eisernen Steg (1869, Umbau 19

Frankfurt. The River Main wit the Gothic Cathedral (the place where German Emperors were crowned in the 16th–18th centur and the Iron Footbridge (1869, reconstruction 1911)

2 Frankfurt. Blick auf »Römer« (nach 1405) und Paulskirche (begonnen 1789)

Frankfurt. View on the "Römer" (after 1405) and St. Paul's Church (erected 1789)

3 Frankfurt. An der Hauptwache, dem Zentrum der Stadt

Frankfurt. An der Hauptwache, the centre of the city

4 Frankfurt. Sankt Leonhard von der Mainuferseite Romanischer Kernbau 1219 begonnen. Gotische Erweiterungen im 15. Jh.

Frankfurt. St. Leonhard. Romanesque building of 1219, additional buildings during the Gothic period (15th century)

5 Frankfurt. Rokokoportal des Goethehauses. Nach dem Wiederaufbau des Hauses (1946–195

Frankfurt. Rococo por the Goethe House. A reconstruction in 1946–

6 Frankfurt. Foyer im Schauspielhaus.

Frankfurt. Foyer of the Schauspielhaus

Frankfurt. Athena des Myron. Römische Kopie (Original um 445 v. Chr.). Museum alter Plastik im Liebighaus

Frankfurt. Athena des Myron. A Roman reproduction (created about 445 B.C.). Museum of old sculptures in Liebighaus

*Frankfurt. Foyer im Schauspiel-
haus.*

Frankfurt. Foyer of the Schauspielhaus

*Frankfurt. Athena des Myron.
Römische Kopie (Original um 445
v. Chr.). Museum alter Plastik im
Liebighaus*

*Frankfurt. Athena des Myron. A Ro-
man reproduction (created about 445
B.C.). Museum of old sculptures in
the Liebighaus*

8 Frankfurt. Zürichhochhaus am Opernplatz (1960). Erster Bau einer Hochhausgruppe am Rothschildpark

Frankfurt. The Zürich-Haus on the opera square (1960). The first building of a sky-scraper complex at the Rothschildpark

9 Frankfurt. Nordweststadt. Satellitenstadt im Vorland des Taunus

Frankfurt. The Nordweststadt

10 Frankfurt-Höchst. Östlicher Rokokopavillon im Terrassengarten des Bolongaro-Palastes (zwischen 1772 und 1775)

Frankfurt-Höchst. Rococo pavilion in the terrace garden of the Bolongaro Palace (between 1772 and 1775)

11 Frankfurt-Höchst. Die Jahrhunderthalle der Farbwerke Hoechst (1960/61). Stahlbetonkuppel von 72 Meter Durchmesser

Frankfurt-Höchst. The Jahrhunderthalle of the Farbwerke Hoechst (1960/61). The dome-shaped roof is a steel concrete construction

12 Winter auf dem Großen Feldberg im Taunus (881 m)

Winter on the Großer Feldberg in the Taunus (881 m)

13 Taunuslandschaft bei Esch im Goldenen Grund

Landscape in the Taunus hills near Esch in the "Goldener Grund"

14 Idstein im Taunus. Alte Fachwerkhäuser

Idstein in the Taunus. Old half-timbered houses

15 Bad Homburg vor der Höhe. Blick auf das Barockschloß

Bad Homburg v. d. H. The Baroque castle and the White Tower

16 Fernblick auf Königstein im Taunus

17 Burg Kronberg im Taunus. Blick auf die Mittelburg

18 Burg Eppstein im Taunus mit Häusern der Altstadt

19 Bad Nauheim. Luftbild vom Sprudelhof im Kurhauskomplex

View towards Königstein in the Taunus

Castle of Cronberg in the Taunus. View of the centre building

Castle of Eppstein in the Taunus with houses of the old town

Bad Nauheim. Aerial view on the Fountain Court (1908–1909)

20 Friedberg in der Wetterau. Torhaus der Reichsburg auf der Stadtseite (um 1500)

Friedberg in the Wetterau. Gate of the Reichsburg (about 1500)

21 Butzbach in der Wetterau. Alte Fachwerkhäuser am Marktplatz

Butzbach in the Wetterau. Old half-timbered houses on the market place

22 Wiesbaden. Blick auf die Stadt. Im Vordergrund Kurviertel mit Kochbrunnen

Wiesbaden. View on the city. In front the watering area with the Kochbrunnen

23 Wiesbaden. Das Kurhaus. Neubau 1904–1906. Vorderansicht

Wiesbaden. The Kurhaus. Reconstruction (1904–1906). Front view

24 Wiesbaden. Der Aussichtstempel auf dem Neroberg mit Blick auf die Stadt

Wiesbaden. View on the city seen from the outlook-temple on the Neroberg

25 Wiesbaden. Das Biebricher Schloß am Rheinufer. Die Rotunde im Mitteltrakt (1710–1718)

Wiesbaden. Biebrich Castle on the banks of the Rhine. The rotunda in the front (1710–1718)

26 Im Rheingau bei Rüdesheim. Seit Karl dem Großen wird hier Wein angebaut

The Rheingau near Rüdesheim. Vine is being cultivated in this area since Charlemagne

27 Burgruine Ehrenfels (um bei Rüdesheim am Rhein

Castle ruins of Ehrenfels (about near Rüdesheim on the Rhine

28 Eberbach im Rheingau. Dormitorium der Zisterzienserabtei (um 1270 begonnen). Einer der größten zweischiffigen Säle der Gotik

Eberbach in the Rheingau.

29 Eltville. Taufstein von Hans Bachoffen (1517) in der Pfarrkirche St. Peter und Paul

Eltville. In the parish church St. Peter und Paul

30 An der Bergstraße. Obstbäume, Weinberge und Burgruinen prägen das Bild dieses Landstriches am Rande des Odenwaldes zur Rheinebene

31 Schloß Fürstenau in Steinbach/Odenwald. Der Schwibbogen (1588) verleiht der Anlage ein einzigartiges Gepräge

32 Burg Breuberg im Odenwald. Stuckdecke im Johann-Casimir-Bau (um 1613) mit mythologischen Szenen

33 Hirschhorn. Aussicht von de⟨r⟩ Burg auf die Stadt und das reiz⟨volle⟩ Neckartal

The Bergstraße. Fruit-trees, vineyards and towering castles are typical for this landscape where the slopes of the Odenwald run down to the Rhine Valley

The Castle of Fürstenau at Steinbach in the Odenwald. The large Renaissance arch (1588) leads into the courtyard of the castle

Castle Breuberg in the Odenwald. Stucco ceiling in the Johann-Casimir-building (about 1613) showing mythological scenes

Hirschhorn. View from the castle the town and the charming Neck⟨ar⟩ Valley

Erbach im Odenwald. Blick von Treppenstraße auf das barocke Schloß

35 Darmstadt. Mathildenhöhe. Ort großer Jugendstilausstellungen in den Jahren 1900–1914

36 Darmstadt. Mittelpavillon vom Marktflügel der barocken Schloßtrakte

37 Darmstadt. »Darbringung im Tempel« von Stephan Lochner (1447) Hessisches Landesmuseum

Erbach in the Odenwald. View from street of stairs on the Baroque castle

Darmstadt. Mathildenhöhe. During the Jugendstil-epoch, 1900–1914, famous for its great exhibitions

Darmstadt. Centre pavilion of the Baroque castle showing to the market

Darmstadt. "Presentation in the temple" by Stephan Lochner (1447) Hessisches Landesmuseum

38 Jagdschloß Kranichstein bei Darmstadt (1571–1579). Mitteltrakt der Ehrenhofanlage

39 Darmstadt. Luisenplatz mit Ludwigs-Monument, »Der lange Ludwig« (1844)

40 Offenbach. Renaissancearkaden an der Hofseite des Isenburger Schlosses (1570–1578)

41 Offenbach. Schmuckkästch Marie Louise, zweite Gemahlin leons I. (um 1810). Deutsch dermuseum

Hunting Lodge Kranichstein near Darmstadt (1571–1579)

Darmstadt. Luisenplatz with the Ludwig-monument "The long Ludwig" (1844)

Offenbach. Renaissance arcades of the courtyard of the Isenburg Castle (1570–1578)

Offenbach. Jewel-case for Marie second wife of Napoleon I (ab 1810). German Leather Muse

42 Hanau. Das Deutsche Goldschmiedehaus (1537–1538). Nach Zerstörung 1945 Wiederaufbau 1954

Hanau. The German Goldsmith's Guildhall (1537–1538). After destruction in 1945 rebuilt in 1954

43 Hanau. Schloß Philippsruhe (1701–1712). Altan und Mittelturm mit Uhr (1875–1880)

Hanau. View into the courtyard of Philippsruhe Castle (1701–1712). Balcony and turret

44 Bad Orb. Brunnentempel »Philippsquelle«

Bad Orb. The temple with the "Philippsquelle"

*45 Bad Orb. Das Konzerthaus.
Ein hervorragendes Beispiel von
künstlerischer Eingliederung moderner
Architektur in eine Landschaft*

*Bad Orb. The concert-hall.
A remarkable example of how modern
architecture is made part of the landscape*

46 Büdingen. Das Jerusalemer Tor von 1503. Teil der noch fast vollständig erhaltenen Stadtbefestigung

47 Büdingen. Bibliothek im »Krummen Saalbau« des Schlosses (15. Jh.)

Büdingen. The Jerusalem Gate of 1503. Part of the almost undestroyed fortification

Büdingen. Library in the "Krumme Saal" of the castle (15th century)

49 Burg Münzenberg in der Wetterau (12./13. Jh.). Blick vom Ostbergfried in den Burghof

Münzenberg Castle in the Wetterau (12th–13th century). View from the east tower into the castle yard

52 Fulda. Die barockisierte Gartenseite des Abtschlosses

53 Fulda. Der Barockdom von Johannes Dientzenhofer (1704–1712)

54 »Sultan und Sultanin« aus der Fuldaer Porzellanmanufaktur um 1770 (Staatliche Kunstsammlungen Kassel)

55 Schloß Fasanerie bei Fulda. Lustschloß der Fürstäbte 1737–1756. Durchblick in den Ehrenhof

Fulda. View into the Baroque castle garden

Fulda. The Baroque Cathedral designed by Johannes Dientzenhofer

"Sultan and Sultanin" about 1770 from the Fulda Porcelain manufactory (Staatliche Kunstsammlungen Kassel)

Castle Fasanerie near Fulda. Built in 1737–1756. View into the yard

56 Rhönlandschaft im Winter

Winter landscape in the Rhön

57 Hünfeld. Blick auf die Stadt

Hünfeld. View on the town

58 Melsungen. Rathaus (1556).
Das stolzeste und schönste Gebäude in der vom Fachwerkbau bestimmten Altstadt

59 Kassel. Luftbild der Innenstadt. Es zeigt den planvollen Wiederaufbau nach dem 2. Weltkrieg.

Melsungen. Town Hall (1556). The most beautiful framework building is dominating in the picture of the old town

Kassel. Aerial view on the city. It shows the well-designed reconstruction of the city

60 Kassel. Regierungsgebäude. Einer der vielen mustergültigen Neubauten der Stadt

Kassel. Government building. One of the exemplary new buildings of the town

61 Kassel. Treppenstraße zwischen Friedrichsplatz und Ständeplatz. Eine beispielgebende Anlage im Städtebau seit 1945

Kassel. The Shopping Street between Friedrichsplatz and Ständeplatz

62 Kassel-Wilhelmshöhe.
Blick vom »Herkules« auf Schloß
und Stadt. Kaskaden, Park und
Straßenachse nach Kassel (18. Jh.)

Kassel-Wilhelmshöhe. View of the
city and the castle seen from the
"Hercules"

63 Kassel. »Der Segen Jakobs«
von Rembrandt (1656).
Staatliche Kunstsammlungen Kassel

Kassel. "The blessing of Jacob"
by Rembrandt (1656). Staatliche
Kunstsammlungen Kassel

64 Kassel-Wilhelmshöhe. Die Löwenburg im Schloßpark von H. Chr. Jussow (1793–1801)

Kassel-Wilhelmshöhe. The Löwenburg in the park of the castle by H. Chr. Jussow (1793–1801)

65 Schloß Wilhelmsthal bei Kassel von François Cuvilliés d. Ä. (1747–1761). Der Musensaal

Castle Wilhelmsthal near Kassel by François Cuvilliés the elder (1747–1761). Room of the Muses

66 Eschwege. Alte Fachwerkhäuser am Marktplatz

Eschwege. Old half-timbered houses at the market place

67 Reinhardswald. Alte Eiche im Naturschutzgebiet

Reinhardswald. An old oak-tree in the national preserved area

68 Fritzlar. Malerisch gestuftes Stadtbild mit Dom.

69 Fernblick vom Bilstein auf den Hohen Meißner

70 Homberg an der Efze. Stadtkirche (14. Jh.)

71 Frankenberg an der Eder. Rathaus (1509)

Fritzlar. View of the picturesque town with the Cathedral

View on the Hohe Meißner seen from the Bilstein

Homberg on the Efze. Town Church (14th century)

Frankenberg on the Eder. Town-hall (1509)

72 Amöneburg. Luftbild der auf
dem Plateau eines Basaltkegels über
der Ohmniederung gelegenen Stadt

73 Die Eder-Talsperre mit Burg
Waldeck. Anlage des Stausees
1910–1915

Amöneburg. Aerial view of the town

The Eder Dam with the castle of Waldeck

74 Schloß Arolsen (1710–1729).
Blick aus dem Park

75 Bad Wildungen. Kurpark mit
Konzertpavillon und Wandelhalle

The Palace at Arolsen (1710–1729).
View into the park

Bad Wildungen. The Kurpark
with the concert-pavilion

76 Gießen. Die neue Universitätsbibliothek (1959)

Gießen. The library of the new
university (1959)

77 Gießen. Das Neue Schloß
(1533–39). Über massivem Erd-
geschoß Oberbau aus Fachwerk

Gießen. The new castle (1533–39)

78 Blick von der Burg Gleiberg
bei Gießen auf die Burg Vetzberg

Looking out from Gleiberg Castle
near Gießen towards the castle
of Vetzberg

79 Wetzlar. Der Dom (12.–
und 20. Jh.)

Wetzlar. The Cathedral (12th-
and 20th century)

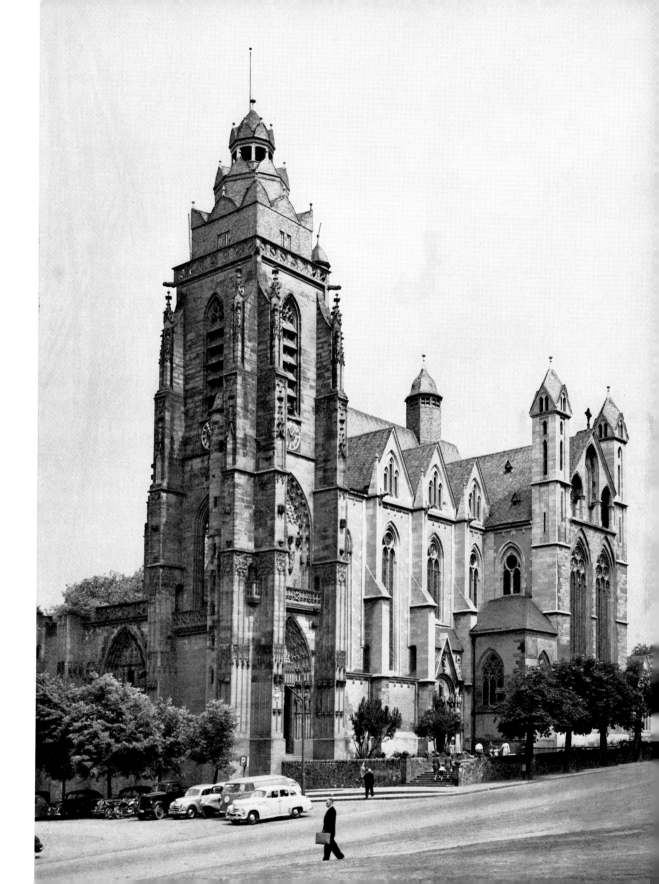

80/81 Marburg. Blick vom Ortenberg auf Stadt und Schloß

82 Ansicht von Schloß Braunfels (13., 15. und 17. Jh.). 1881–1885, völlige Neugestaltung im Geiste der historisierenden Kunst

83 Weilburg. Das Lahntal mit Brücke und Schloß (17. und 18. Jh.). Ehemalige Residenz der Grafen von Nassau-Weilburg

84 Limburg. Der Dom (1211–123. Hinter dem Chor Bauten der einst ysenburgischen, dann trierischen Bur

Marburg. View on town and castle from the Ortenberg

Castle of Braunfels (13th, 15th and 17th century), 1881–1885 complete reconstruction

Weilburg. The Lahn Valley with bridge and castle

Limburg. The Cathedral (1211–12. behind the choir buildings of the for castle